北大社·普通高等教育"十三五"规划教材

21世纪职业教育规划教材·文秘系列

会议组织与服务

（第二版）

刘慧霞 主 编

梁春燕 李 琳 副主编

图书在版编目(CIP)数据

会议组织与服务/刘慧霞主编. —2版. —北京：北京大学出版社，2019.4
全国职业教育规划教材·文秘系列
ISBN 978-7-301-30205-7

Ⅰ.①会… Ⅱ.①刘… Ⅲ.①会议－组织管理学－高等职业教育－教材 Ⅳ.①C931.47

中国版本图书馆CIP数据核字（2019）第002588号

书　　　　名	会议组织与服务（第二版）
	HUIYI ZUZHI YU FUWU（DI-ER BAN）
著作责任者	刘慧霞　主编
策 划 编 辑	温丹丹
责 任 编 辑	温丹丹
标 准 书 号	ISBN 978-7-301-30205-7
出 版 发 行	北京大学出版社
地　　　　址	北京市海淀区成府路205号　100871
网　　　　址	http://www.pup.cn　新浪微博:@北京大学出版社
电 子 信 箱	zyjy@pup.cn
电　　　　话	邮购部 010-62752015　发行部 010-62750672　编辑部 010-62756923
印 刷 者	河北滦县鑫华书刊印刷厂
经 销 者	新华书店
	787毫米×1092毫米　16开本　11.25印张　262千字
	2010年9月第1版
	2019年4月第2版　2023年2月第3次印刷（总第10次印刷）
定　　　　价	35.00元

未经许可，不得以任何方式复制或抄袭本书之部分或全部内容。
版权所有，侵权必究
举报电话：010-62752024　电子信箱：fd@pup.pku.edu.cn
图书如有印装质量问题，请与出版部联系，电话：010-62756370

第二版前言

　　组织、参与和服务会议是各级秘书人员的重要业务内容之一。本书是在 2010 年出版的《会议组织与服务》一书基础上修订完成的。编者根据秘书实际工作要求，增加了更多的工作场景的练习和拓展阅读。书中设计了"会议理论篇""会议组织——会前篇""会议组织——会中篇"以及"会议组织——会后篇"四个模块，以使学生能从中全方位了解会议的构成以及如何组织和服务会议。本次修订的内容主要体现在以下几个方面：

　　一、会议组织与会议服务并举，着重培养学生的服务理念

　　对于秘书而言，参与会议的实质就是为所有与会者和实现会议目标服务。这个理念贯穿在所有层次的秘书从事的所有与会议相关的活动之中。复杂至设计会议议程，简单至调试会议设备、摆放桌椅，无一不是对这个理念的体现。因此，秘书专业的学生在学习会议理论及各个操作环节之前，最应该建立的就是这种服务的理念。基于这样的认识，并针对职业教育学生的培养目标，本书在编写内容上，弱化会议管理的大概念，特别是将会议组织这样历来认为更高级的秘书活动与端茶倒水等琐屑事务性工作置于同等的位置，有意识地强调了后者对于会议成功进行的重要性。

　　二、立足就业实际，专讲小型工作会议

　　针对职业教育学生毕业后可能面对的工作实际，本书在编写时抓住中小型工作会议进行重点讲解。不但避免同类书籍中常见的各种会议类型面面俱到的问题，也避免过多给学生灌输大而无当的宽泛知识的情况。强调传授知识既要适用于学生的可能碰到的工作实际，又要让学生在使用时感到够用。

　　三、弱化会议理论，提炼、点化会议操作实务

　　对比本科学生，职业教育学生的整体学习基础更单薄，学习能力也相较弱一些。因此，本书只是根据知识理解的需要安排了会议理论模块的学习，而将更多的时间和内容留给具体的会议实务学习。每一章均设置导引案例，以使学生能迅速把握本章学习重点。在章节内容安排上，又强调了对具体会议事务的重点归纳和技巧提炼，方便学生学习。

　　四、讲练结合，重在练习，拓展阅读，提升认识

　　本书每一章都设有习题部分。除了一般的基础知识题之外，还设置了案例分析题、综合实训题。场景复原贴近秘书人员的会务工作实际，贴近学生的学校生活实际，实践指导性强，启发学生多侧面、多角度解决涉及的问题，大大拓展了学生的课文学习内容。

　　另外，每章后面又附有拓展阅读部分。着重择取与本章知识相关的更加鲜活、在实践中取得良好效果的案例，提升学生对于已有知识点的认识和掌握。

　　本书语言通俗易懂、讲解生动、切合实际，既可以作为职业教育秘书专业的教材，也可以作为秘书行业从业者的自学参考书。本书的编写分工如下：第一～二章由西安航空学院梁

春燕编写;第三~十一章由西安航空学院刘慧霞编写;第十二~十四章由西安航空学院李琳编写。刘慧霞负责全书的体系设计和统稿工作。西安航空学院王桢老师亦对本书做出了贡献。

  本书编写虽然尽量做到对新成果以及有效实践方式进行借鉴,但是限于经验和视域,难免有不妥之处。希望专家、读者能不吝赐教,我们不胜感激。

编　者

2019 年 3 月

目　　录

会议理论篇

- 第一章　什么是会议 3
  - 第一节　会议的概念和类型 4
  - 第二节　会议的功能 6
  - 第三节　会议的要素 9
  - 第四节　一般会议流程 12
  - 第五节　本章小结 14
  - 第六节　习题 15
- 第二章　如何使会议富有成效 18
  - 第一节　有效会议 19
  - 第二节　无效会议的危害 22
  - 第三节　无效会议存在的原因 23
  - 第四节　本章小结 27
  - 第五节　习题 28

会议组织——会前篇

- 第三章　会前文书工作 33
  - 第一节　会议议题与会议议程 34
  - 第二节　会议日程 38
  - 第三节　会议通知 39
  - 第四节　会议票证的制作 45
  - 第五节　本章小结 47
  - 第六节　习题 47
- 第四章　确定会议时间及会议地点 52
  - 第一节　确定会议时间 53
  - 第二节　确定会议地点 54
  - 第三节　本章小结 57
  - 第四节　习题 57
- 第五章　会议生活服务 62
  - 第一节　与会者住宿安排 63

第二节　会议餐饮服务 ··· 64
　　第三节　本章小结 ··· 66
　　第四节　习题 ··· 66
第六章　会场布置 ··· 68
　　第一节　会场座位格局安排 ··· 69
　　第二节　会场环境布置 ··· 74
　　第三节　本章小结 ··· 78
　　第四节　习题 ··· 78

会议组织——会中篇

第七章　会议服务 ··· 85
　　第一节　会议服务的概念与类型 ····································· 86
　　第二节　会议服务的作用与要求 ····································· 87
　　第三节　本章小结 ··· 89
　　第四节　习题 ··· 89
第八章　会议入场服务 ··· 92
　　第一节　会议接站与会议报到 ······································· 93
　　第二节　会议签到与会议引导 ······································· 95
　　第三节　本章小结 ··· 98
　　第四节　习题 ··· 98
第九章　会议主持及辅助主持 ··· 101
　　第一节　会议主持技巧 ··· 102
　　第二节　选择及决定会议决议的方法 ································· 106
　　第三节　本章小结 ··· 108
　　第四节　习题 ··· 108
第十章　会中文书工作 ··· 112
　　第一节　会议记录 ··· 113
　　第二节　会议简报 ··· 117
　　第三节　本章小结 ··· 121
　　第四节　习题 ··· 121
第十一章　会议保障服务 ··· 124
　　第一节　会议值班 ··· 125
　　第二节　会议安保服务 ··· 127
　　第三节　本章小结 ··· 129
　　第四节　习题 ··· 130

会议组织——会后篇

第十二章　会议结束后的返离工作 ··· 135
　　第一节　安排与会者会议结束后的返离工作 ··························· 136

		第二节 会议结束后的送行	138
		第三节 本章小结	140
		第四节 习题	140
第十三章	会议结束后的文书工作		143
		第一节 会议纪要	144
		第二节 会议总结	146
		第三节 会议评估	148
		第四节 本章小结	153
		第五节 习题	153
第十四章	会后落实工作		155
		第一节 会议文件的整理	156
		第二节 会议信息的传达与落实	161
		第三节 会议决议的督办	163
		第四节 本章小结	165
		第五节 习题	165
参考文献			168

会议理论篇

第一章 什么是会议

学习目标

- ◆ 了解会议的类型
- ◆ 理解会议的概念、功能
- ◆ 掌握会议的构成要素
- ◆ 熟练掌握及运用会议的一般工作流程

导引案例

我国传说中的尧、舜时代大约是氏族社会的晚期。在那样一个时代,人们是怎么来处理重大问题的呢?司马迁的《史记》中记载了一段生动的氏族会议图景,主题是关于选择谁来担任帝尧的继承人。

尧曰:"谁可顺此事?"
放齐曰:"嗣子丹朱开明。"
尧曰:"吁!顽凶,不用。"
尧又曰:"谁可者?"
驩兜曰:"共工旁聚布功,可用。"
尧曰:"共工善言,其用僻,似恭漫天,不可。"
尧又曰:"嗟,四岳,汤汤洪水滔天,浩浩怀山襄陵,下民其忧,有能使治者?"
皆曰鲧可。
尧曰:"鲧负命毁族,不可。"
岳曰:"异哉,试不可用而已。"
尧于是听岳用鲧。

讨论

1. 你认为会议该如何来界定?
2. 会议的构成要素有哪些?

召开会议是人类自己寻找到的一种重要的管理手段。研究者们开展的多项调查都表明,全世界各行各业的管理者们不约而同地把大量的时间、金钱和精力投入到了会议中。因此,举办会议始终是作为管理者助手的秘书人员应该掌握的重要知识和内容。在掌握更为复杂的技巧之前,我们首先要明确的就是对于会议的认识,这其中包括了理解会议的概念和功能,对会议的构成要素了然于心,掌握举办会议的一般工作流程等。

第一节　会议的概念和类型

一、会议的概念

会议是人类特有的一种复杂社会现象。在已经记载的每一个组织和每一种人类文化中,人们按照有规律的、频繁的时间间隔,以各种形式不断地聚在一起。我们每一个人在自己的成长历程中都经历过各种各样的会议。会议的大小规模不同、讨论的问题各异,表现出来的形态也差别巨大,甚至参与者的内心体验都永远不一样。因此,厘清对会议的认识是正确把握会议、使其发挥应有作用的起点。

对于会议概念的界定多种多样。汉代蔡邕认为:"凡章表皆启封,其言密事,得帛囊盛。其有疑事,公卿百官会议。若台阁有所正处而独执异议者曰驳议。"汉语"会""议"二字自身含义也支持了蔡邕的这种看法,会议就是聚众、讨论。后来的很多研究者虽然给出的定义表达有所不同,但也都没有超越这种认识框架。但是聚在一起讨论,并不能保证会议的效率和效果。现代社会的快节奏,政治和经济生活的高度复杂化,都强调会议要有最佳效果。因此,我们认为所谓的"会议"就是几个关键人物聚合在一起,每个人都有他们各自的角色,讨论他们共同感兴趣的问题,最终取得某些决定,而这些决定都是会议预期要达到的。

在这个会议概念中,主要强调了以下几个方面的内容。

1. 针对性

每个决定召开的会议都必须有明确的主题,也就是必须在开会之前确定会议的目标。它决定了会议的所有其他环节,也是保证会议成功的首要前提。

2. 规定性

会议的参与者是由会议主题决定的,而且他们在会议进程中分别担当讨论中的不同角色,以期共同推动会议的有序进展。

3. 程序性

会议是一项组织有序的集体活动。会议在开始之前有明确的预期,有设定的进程。所有与会者的努力都是为了保证会议沿着预定程序进行,并最终实现目标。

二、会议的类型

按照划分角度的不同,会议的类型有不同的分类。

1. 按照会议规模划分

(1) 小型会议。一百人以下。日常工作中处理的会议基本都属于此类,尤其几个人到十几个人的小型会议是最容易达成良好沟通、取得会议决策的会议规模。

(2) 中型会议。百人以上，千人以下。这种会议规模已经不能保证双向沟通，与会者主要履行的是倾听的职责。

(3) 大型会议。千人以上，万人以下。

(4) 特大型会议。万人以上。

2. 按照会议性质划分

(1) 法定性会议。根据有关法律与法规规定必须举行的会议，以及特定组织为履行法定职责而举行的会议。前者如各级人民代表大会、企业的董事会议和股东大会、听证会等，后者如各种法定组织的领导人办公会议等。

(2) 非法定性会议。如各种座谈会、专题讨论会、研讨会、洽谈会等。

3. 按照会议活动特征划分

(1) 政治性会议。国际政治组织、国家和地方政府为某一政治议题召开的各种会议。

(2) 商务型会议。公司、企业因其业务和管理工作发展的需要召开的商务会议。

(3) 专业学术会议。这是某一领域具有一定专业技术的专家学者参加的会议类型。各种专题研究会、专家评审会等都属于此类会议。

4. 按照会议的形式划分

(1) 现场会议。在事件发生的现场召开会议，这样有助于强化主题。

(2) 电话会议。利用电话系统连接各分会场而举行的会议。即几个人同时使用一条电话线路进行通话，一个或多个人在不同的地方对分散在各地的一个人或几个人讲话。它是一种同步会议，可以支持双向的口头交流。

(3) 电视会议。使用电视作为会议的媒介，借助闭路系统和公共卫星实现更大的传播覆盖面。视觉辅助手段在这种情况下很容易实现。电视会议分为两种：一种是单向传播电视会议，分会场的与会者收听或收看；另一种是双向传播电视会议，实现图像和声音双向传递和多向传递。

(4) 网络会议。这是20世纪后期才出现的新型会议形式，以计算机和通信网络作为技术手段。这种会议可采用多种具体方式。可以利用局域网设置，也可以利用已有的聊天工具等。它的优势是方便那些身处不同时区的人在任何时间都能在网上进行交流。

5. 按照与会者的区域划分

(1) 国际性会议。与会者来自世界各地，涉及的国家较多。

(2) 全国性会议。与会者来自全国各地或各条战线。

(3) 区域性会议。与会者来自同一个区域或代表同一个区域内的若干单位。

(4) 单位性会议。组织内部人员参加的会议。

6. 按照时间划分

(1) 定期会议。按照国家法律规定或者组织章程每隔若干时间必须召开的会议，如各种代表大会、年会、行会、董事会等。

(2) 不定期会议。因具体事件或者突发事件而引起召开的会议。尤其是后者，常常因为准备不足而造成会议效果不理想。

（3）多次性会议。根据会议主题的需要，连续召开多次会议。如内容复杂的谈判、大型的代表会议等。

7. 按照会议阶段划分

（1）预备会议。为正式进行决策的会议进行辅助讨论的会议，它的有序进行有助于正式会议取得预期效果。大型的、会期较长的会议一般都会有预备会议。

（2）正式会议。最终完成会议预定目标的会议。

第二节　会议的功能

会议作为一种复杂的人类活动，它实际发挥的作用远远超出了召集会议者对它的预设，超越了实现会议目标的框架。因此，在探讨会议的功能时，我们也要跳出组织方的局限，对会议的功能进行全方位的把握。

1. 信息交流

无论是成功或者失败的会议都能完成的一个功能就是信息交流。当然，在现代这样一个信息化的时代，人们获取信息的渠道非常多。可以通过传统的媒介，比如报纸、电视、广播等；也可以通过更先进、更及时的互联网。但相比之下，会议对于信息的收集显得更集中、迅速而且针对性更强。因此，它的实际意义也就更大。每个与会者在会前都需要对会议议题进行充分准备，包括提出自己的观点以及搜集整理支撑自己观点的材料信息，在开会时，与会者把自己的观点和信息与其他与会者交流和分享。这些信息从不同的领域和角度指向同一个目标，针对性尤其突出。而且这种信息共享必须在规定的时间内完成，因此每个与会者掌握关于一个议题的信息的效率也更高。另外，由于会议这种形式的严肃性，也有效地消除了出现虚假信息共享的可能性。所以，相比通过电话或者电子邮件的方式得到的信息，人们通常更重视在会议上接收的信息。

从会议本身的目的来看，很多会议原本的目标就是传达信息。尤其是中型和大型会议。因为参会人员数量庞大，难以做到充分讨论，因此会议的初衷就是发布信息、强化对组织目标的认同。新闻发布会就更是一种典型的发布、传播观点和信息的会议类型。

需要强调的是，为了保证会议上的信息发布与交流确实有效，通常是以书面资料的形式表现出来的，重要的资料往往制成表格并打印出来。

2. 解决问题、科学决策

会议通常是需要最后决议的，即要达成共识、完成决策。而现代决策越来越依赖于集体的智慧，这里所指的集体的智慧，不仅仅是管理者集体的智慧，更重要的是群众和专家的智慧。现代决策活动的形式很多，但其中最重要的便是会议活动的形式。当问题较为重大、复杂，甚至问题的牵扯面较大，涉及广大群体利益，难以决定做不做或者怎么做的时候，就需要开会。召集有关人员研究讨论，充分就议题发表意见，分析得失，权衡利弊，集思广益寻找更为合理、更为合适的最佳解决方案。经过大家讨论所形成的最后决策通常能满足更多的需求，也因此能说服更多的反对者，使决策的执行变得更加顺畅。

3. 发扬民主

会议是民主得以实现的非常重要的形式和载体,会议和民主密不可分。

(1) 会议是上下交流、沟通的有效渠道

在会场上,管理者和下属都要对议题发表自己的看法和见解。管理者可以宣布自己或者管理者团队对于议题的立场和态度,下属也可以就此提出疑问和意见。这样的交流、沟通便于决策者直接了解民意,使其最终做出的决策更加符合实际和群体利益。

(2) 会议制度保证民主的和谐气氛

现代会议为了保证最终决策的科学性,都会从制度上对会议讨论议程的民主进行规定。会议是体现群策群力的地方,但是会议上经常会出现少数人垄断会议的情况,满场只能听到他们的声音,其他人或是被迫或是自愿保持沉默。对于这种严重影响会议效果的局面,会议制度必须提前做出预防。首先,开会之前主持人可以重申会议制度,鼓励所有人,尤其是性格内向、经常沉默的人积极发言。其次,对垄断会议的少数人,分析情况,事先与其沟通并限定个人的发言时间。最后,可以规定采用轮流发言的形式,保证每个人充分行使自己的权利。

让会议在民主的轨道中进行,是对会议的召集者、组织方利益最大的保障。它使每个与会者去理解自己所在群体的集体目标,帮助群体找到实现目标的最佳途径,使群体或组织从集体智慧中获益。

4. 检查和监督

检查和监督具有监督行政决策、行政执行和效益的功能。召开会议,可以让有关部门向上级汇报工作任务的贯彻执行情况,总结决策和执行过程中的成功经验和失败教训。

开会是每个组织或企业的常态,但是会议并不是各自独立的;相反,它们是彼此紧密联系的一个体系,让它们紧密相连的就是决策的制定与执行。每个会议都是紧承前一个相关会议而来的。在新的议题开始前,最重要的一件事情就是检查上一个决策的实施情况。相关的执行负责人要向会议报告决策的实施进展和存在的问题。通过会议的检查比较,对积极贯彻会议决议的,给予表彰奖励;对工作马虎、消极怠工,甚至失职渎职的要进行相应处罚,从而推动工作健康有序地向前发展。

5. 协调和沟通

会议的协调和沟通功能主要体现在加强横向联系方面。会议研讨的主题常常关乎组织或企业全局,需要下属所有部门的通力配合。一般来说,由于各部门的业务不同,主管性格、个人观念等方面均有不同,致使部门之间产生很大差异。因此,对于同一问题,不同部门往往都有自己的考虑角度,彼此不自觉地倾向于维护自己部门的利益,意见难以统一,从而影响问题的妥善解决和工作的顺利进行。这时,就要发挥会议的协调功能,部门之间互相磋商,保持行动一致。

要实现会议的协调功能,进行良好的沟通是唯一的渠道。而要达到有效沟通,必须把握一定的技巧。首先,要学会"听",积极地倾听,要尽量听懂对方话语中的信息。其次,要学会换位思考,从对方的角度来理解他释放的信息,并且把这种理解表现出来,以取得对方心理上的认同。最后,放下自己的既定思维框架的限制,是达到有效沟通的关键。

成功的协调都是以有效沟通为前提的。认真听取彼此的观点和解释，了解彼此关心的问题，对目标达成过程中预期困难达成谅解和共识，这才是充分的交流和信息反馈，也才能达到有效沟通。与各种不同类型的人共同工作并非易事，彼此之间必须取得共识，才能相互配合、圆满完成工作。

6. 树立权威

从制度上来讲，会议决议是群策群力的结果。因此，它的权威性要远远大于管理者或管理者团队不经过会议决议而发布的任何行政命令。即使有人对会议决议持反对意见，但是因为会议决议是经过众人参与、民主讨论过的，因此将不能继续坚持自己的个人意见，而会选择服从和接受大家的意见。群体力量造就的会议决议的这种权威性，极大地保证了决议在会后顺利地执行。

除了以上六大主要功能之外，会议还具备以下附属功能，这些功能同样也在或强或弱地引导着会议的前进方向。

1. 地位象征

很多人内心都会认为：参会代表着自己在组织中的地位和身份。参会越多，意味着自己的地位越高。因此，常常会出现这样的情况：组织内部有人反对会议决议的方案，其实不是完全因为方案本身有可商榷之处，而是自己被排斥在了会议之外，感到自己的地位和尊严受到了挑战。

2. 形成印象

因为会议可能会有直接上级和更高层的管理者以及各部门的关键人物参加，因此成为与会者展示自我、让他人对自己更加有印象的重要舞台。

3. 激发士气

有些会议并无太多的日常管理实质内容，而纯粹是通过会议来调节与会者的情绪和心态，为某种特定的管理需求服务。

4. 增强凝聚力

会议活动是一种互动性的交往方式，在人们交流思想、互通情况的同时，还有助于他们感情上的沟通。增进感情的结果就是对内增强组织的凝聚力，因此，有时我们可以直接将联络感情、加强团队协作作为会议活动的主要目的。

5. 明确组织目标

人们每天都埋头于具体事务，很容易忘记自己所做的一切都是为了什么。从组织本身的发展来讲，这是很大的损失，而会议却能弥补这个缺憾。会议的议题都是围绕组织目标展开的，对它的讨论以及大家对讨论意见的取舍，最终都是帮助所有人重新认识或者更加明确组织目标，有力地推进今后的工作。

6. 激发灵感

会议上发生争吵是很正常的现象。有趣的是，你会发现争吵常是解决问题、获得想法之道，有人将其称之为"创造性摩擦"。很多激动人心的想法都是在这样的"摩擦"中产生的。

第三节 会议的要素

一、组织方

会议通常是由组织方举行的。这里组织方,是一个对出资举行会议的组织的通称。它的任务主要是根据会议的目标和规则制订具体的会议方案并加以实施,为会议提供必要的场所、设施和服务,确保会议正常进行。

组织方通常分为以下三种情况。

(1) 由负有领导和管理职权的机关主办。这样的组织方同与会者具有上下级关系或者管理上的相对关系。

(2) 由协会等类似组织主办。这类与会者通常并不局限于会员,但是会议的核心是会员以及组织的目标和任务。

(3) 为公众举办会议的组织方。这类组织方和与会者之间的关系又不同于前两者。这种为公众举办的会议可以分为营利性会议和非营利性会议两种。非营利性的会议多是政府机构和公众团体作为组织方;营利性的会议组织方则有很多种,包括杂志社、公司,以及那些想出售与会议有关产品的个人。

二、会议主持人

会议主持人承担着组织会议和推进会议进程,以及解决会议组织过程中遇到的重大问题的重要责任。具体来说,就是会议主持人要在会议的讨论阶段、解决问题阶段和决策阶段起到引导的作用,有时还要负责会前和会后的一些相关工作。

1. 会议开始

(1) 按时开会。这是树立主持人权威的第一步。

(2) 清晰地陈述会议的目的。可以使与会者明确会议方向。

(3) 简要介绍会议的议题。可以帮助大家再次整理思路。

(4) 重申会议制度。可以为大家建立会议上的行为准则。

2. 会议进行中

(1) 严格按照议程表推进会议。这是主持会议的最高指导原则。

(2) 确保每个人的发言和观点都得到大家的倾听。这是对会议最终结果的保证,也是对与会者个人尊严的理解和保护。

(3) 使会议紧紧围绕议题进行。这是保证会议效率的重要一步。

小贴士

> 会议主持人从会议一开始就进入主持的状态,会使会议进行得更加顺利。同时,会议主持人要时刻注意提醒自己作为主持人的责任,更加有效地主持会议。

3. 会议结束

(1) 对会议进行总结。可以帮助与会者理清他们不太清楚的地方。

(2) 将会议上所涉及的重点内容记录下来。不是写一份会议纪要,而是提醒记录员记录会上和会后的关键事情。

三、与会者

与会者也就是参加会议的对象,也称为会议成员。他们是会议活动的主体,也是会议活动能否成功的重要因素。与会者的数量直接决定了会议的规模和举行方式,也影响到会议的效率。

与会者一般可以分为以下四种资格,他们在会议中的权利和义务各不相同。

(1) 正式成员。即具有正式资格、有表决权、选举权和发言权的会议成员,也是会议活动的主要成员。

(2) 列席成员。即不具有正式资格,有一定的发言权但无表决权和选举权的会议成员。列席成员的数量一般不超过正式成员。

(3) 特邀成员。即由会议的组织方根据会议的需要而专门邀请的成员。这类成员的地位比较特殊,其在会议中的权利和义务可由会议组织方或者会议的领导机构来确定。

(4) 旁听成员。即受邀请参加会议,但不具有正式资格,既无表决权,也无发言权的会议成员。这类成员一般坐在规定的旁听席上。

以上四种与会者并不是在每个会议上都同时存在的。

四、会议议题

会议议题,是会议所要讨论、协商、决定和处理的一个个具体问题。主要议题构成会议的主要内容,议题的总和构成会议全部的内容。议题是会议活动的必备要素,是会议交流的中心。举行会议首先要明确的就是为什么"议"和"议"什么,也就是会议目标和会议议题。会议的议题必须具有必要性和重要性,同时,还必须具有明确性和可行性。这样的议题才有可能在与会者的共同讨论之后达成共识,形成决议,最后通过。

什么样的议题能被列入会议要讨论的范围?原则上,议题是由会议既定目标来决定的,与目标无关的议题不能被列入议程。从具体产生方式来说,议题的产生通常有两种渠道:一种是管理者根据需要指定的;另一种是秘书人员通过调查研究、综合信息后提出,再经管理者审定的。

会议议题的数量是由会议的规模和时间等因素综合决定的。

与会议议题紧密相关的一个概念是会议议程。会议议程,是会议议题在会议上被具体讨论时的次序安排,即会议议事次序。所有的会议都有会议议程,只是在繁简程度上有所差别。为提高会议效率,会议议程应该尽量精简。

五、会议名称

正式的会议必须有一个恰当、确切的名称。会议名称要求能概括并能显示会议的内容、性质、参加对象、主办单位或组织、时间、届次、地点或地区、范围、规模等。具体的会议名称应视会议的需要而定,如"××省海外联谊会三届一次理事大会""××公司新产品销售展示会"等。

会议名称必须要用确切、规范的文字表达,它既用于会前的会议通知,又用于会后的宣传。

六、会议时间

会议的时间,是指会议的起讫时间和时间跨度。对于一个大型会议来说,会议时间包括了全部三种含义:一是会议开始的时间,二是整个会议需要的时间,三是每次会议的时间限度。

(1) 会议选择在何时召开,需要考虑多种因素。首先,是会议性质。如果是例会,那么它的召开时间是有惯例的;如果是一次特殊的会议,就要有针对性地寻找合适的时间。其次,要照顾到所有重要的与会者的时间。

(2) 整个会议到底需要开多久?大型会议的总体时间跨度需要组织方在做计划时,根据议题做出充分的预计,以便与会者有计划地安排。

(3) 每次的独立会议的时间长度则要重点考虑人的生物规律。根据心理学家测定,成年人能集中精力的平均时间为 45 分钟至 60 分钟。超过 45 分钟,人们的注意力就容易分散;超过 90 分钟,人们普遍会感到疲倦。因此,建议独立会议时间不要超过 60 分钟。如果确实需要长时间开会的话,那么中间一定要安排休息。

七、会议地点

会议地点是指会场所在地。对于传统的独立会议而言,会议地点通常就是单位里的会议室。会议室大小的选择要根据会议的规模和会议的目的来定。如果想进行集体讨论并且在预算允许的情况下,可以考虑外出开会。为了使会议取得预期效果,选择组织外的会议地点时要综合考虑多种因素,比如,会场设施、交通条件、安全保卫、气候与环境等。

传统的大型会议一般有主会场和分会场的区分,但总体上是固定在一个地方。

虚拟会议也会出现主会场和分会场,并且常常是地理跨度很大的几个会场,完全突破了传统会议地点固定的观念。由于虚拟会议与传统会议所采取的会议媒介不同,因此这种会议对于会场的要求重点也和传统会议截然不同。

八、会议结果

会议结果是指会议结束时实现目标的程度。它是会议的目标、议题,会议的组织形态,与会者之间的关系和力量对比等因素综合作用的产物。因为影响会议结果的因素非常多,所以会议结果并不是一定要与会议预期目标完全一致。当会议结束时,可能完全或部分达到预期目标,甚至还会出现与会议预期目标完全背道而驰的结果。

会议结果必须在会议即将结束之前明确地表达出来,并且要由记录员记录下来。这样才能让与会者清楚地了解在刚才的会议上发生了什么,会后还要做哪些工作。

以上的八个构成要素明确地说明了什么样的活动才是会议。在这八个要素中,组织方、与会者、会议议题和会议结果是会议的基本要素。

第四节　一般会议流程

会议流程是按照时间的顺序自然发生的、彼此之间有紧密逻辑联系的会议工作环节的集合。由于性质和规模的区别，不同的会议可能会在具体环节上产生差异，因此，本节强调的是所有会议都具备的一般流程。鉴于本章的知识重点，以下会议流程开始的前提是这个会议有召开的必要。

一、会前准备

1. 目标设定

决定召开会议以后，在开始做其他任何事情之前，首先要确定的就是预期在会议上达到什么目标。目标一般表现了领导决定召开会议的初衷，或者是要征询的意见，或者是要解决的问题，或者是要确定的方案，或者仅仅是为了说明情况等。确定目标的决定权在管理者或者负责人手中。一个清晰而明确的目标，会成功引导接下来工作的所有重要安排。

2. 确定与会者、会议主持人

谁来参会、以什么身份参会、在会议的哪个阶段参会，是根据实现会议目标的需要而确定的。当与会者的这些具体细节确定之后，会议的其他安排就显得容易多了。

通常情况下，会议主持人就是会议召集方的负责人。确定会议主持人等于确定了会议的规格和重要程度。

3. 拟定会议议程、会议日程表和会议方案

（1）拟定会议议程的前提是确定会议议题。简单来说，会议议程就是对确定的会议议题进行先后排序，让与会者明白会议的讨论次序。所有的会议都必须有会议议程，一旦确定，就不应再改变。会议议程表必须在会前发到每个与会者手中。根据会议的性质，提前发放的时间不确定。

（2）时间较长的会议需要制定日程表。所谓会议日程，是指会议在一定时间内的具体安排。通常，日程表中的会议时间都跨越了上午、下午，有时可能会连续几天。

会议日程表一般采用简短文字或者表格形式，以上午、下午、晚上为单元把会议的内容固定在具体的时间段内。会议日程表也要在会前发给每个与会者。

作为会议有序进行的指导，同会议议程一样，会议日程表一旦确定，也不能随意更改。

（3）会议方案是在前两者的基础上完成的。除了会议组织方、会议目的、与会者、会议议程和会议日程之外，会议方案还要对由会议产生的各项具体花费做出预算，有利于组织方对会议产生一个相对明确的认识，再次检查会议的规格、规模、议程、日程的必要性和可行性。

4. 确定会议时间、会议地点

（1）确定会议时间。包括以下几个方面的内容：首先，确定会议开始的时间；其次，确定会议结束的时间，这是保证效率的一个有力措施；最后，明确每个议题的讨论时间，每个与会

者的发言时间等。

（2）会议地点的选择。除了考虑会议本身的规模和性质之外，还要考虑会议所需设备的情况。

5. 准备会议文件

为使会议在最短时间内取得预期效果，在确定好会议议程后，会议组织方要做的事情是为会议议程中安排的议题讨论准备背景资料。具体包括相关的数据、报表、各类报告、前期分析、已发布的行业法规、本单位制度等。这些文件要在会议开始前发给与会者，尤其是关键人物；同时，确保通知与会者在会前认真阅读并思考，以免在会议上继续为此浪费时间。

另外，还要准备的会议文件包括会议主体文字资料，如开幕词、重要发言、会议决议、闭幕词等。

召开大型会议时组织方还需要在会议开始前准备会议须知、作息时间、与会者名单、分组情况、小组负责人等。

6. 发布会议信息

发布会议信息就是在会前发送会议通知。发送会议通知的形式有很多种，可以通过书面、电话，也可以通过函件。为了保证通知到位，一般情况下，都是几种方式结合使用。

会议通知的主要内容就是将会议的议程（日程）、会议文件、会议时间、会议地点等重要会议信息提前告知确定的与会者，提示他们准备会议需要的材料或用品，提醒他们作好准备，按时参会。

会议通知通常需要回复。根据通知的方式，回复的方式也有多种。组织内部的通知可以通过口头告知，组织以外的通知可以通过函件回复。与会者要在规定的时间内向会议组织方确认是否参会，以便会议组织方开展相应的筹备工作。

7. 会场布置

在决定了会议需要的会场之后，组织方要及时预订，然后就是对会场进行符合会议要求的布置。会场布置最重要的是突出主题，美观大方。

会场布置时要注意的具体事务有以下几点。第一，会议将采用什么样的会议桌，或者干脆就是主席台和听众席，这要根据会议议题来决定；第二，会议使用的设备，根据议题讨论的需要，合理布置所需要的仪器设备；第三，每个会议都需要的装饰性的布置。

二、会议开始

1. 会前确认

会议开始之前，要对与会者、预订的会场做最后的确认。对于不能到会的人员及不能到会的原因要做到心中有数，清楚明白。这对于组织内部会议尤其重要。另外，主办方需要再次提醒与会者此次会议的主题和会议议程以及确认预订的会场，以确保会议能按照预计开始，防止出现意外情况。

2. 会场检查

在会议正式开始之前，为了避免在紧要关头出现差错或者造成尴尬局面，应该再次检查所需要的设备是否已经都安排在合适的地方,并将所有的设备再次调试检查一遍,出现问题迅速解决,不得已时可以变换会场。

3. 会议开始

前两项工作可以保证会议在预定的时间准时开始,这是会议走上正轨的第一步。

会议开始后要注意做好会议记录。会场上一定要指定一个人作为专门的会议记录员。正式会议的记录是会议进程的原始记录,是具有法律效力的档案,因此务必准确、完整和条理清楚。

三、会议结束

1. 整理会议室

(1) 清理所有的文件、物品,检查是否遗漏。
(2) 多余的文件、资料等要认真清点,按要求进行销毁。
(3) 需要存档的文件要整理齐全。
(4) 让所有使用过的设备恢复到备用状态。

2. 整理会议记录,形成会议纪要

会议纪要在会议记录的基础上形成,重点是总结会议的重要观点和重要决策。在会议主持人或领导确认无误之后,会议纪要必须在最短的时间内发到与决议有关的部门和个人手中以便贯彻落实。

3. 经费结算

按照财务制度,仔细核对并及时结算会议的各项花费开支。

4. 对会议进行总结评估

会议结束后,必须对会议的组织工作和效益、得失等进行评估和总结。通过评估,会议组织方可以了解如下信息。

(1) 会议目标是否得以实现?
(2) 会议的成本效益如何?即会议是否超支或者盈利。
(3) 与会者是否满意?他们从会议中获得了什么?
(4) 以后的会议需要哪些方面的改进?

会议评估经常采用定量评估和定性评估两种方法,对采集来的数据进行分析。

第五节 本章小结

通过对会议的概念和类型、会议功能、会议构成要素以及会议的一般工作流程的简要介绍,本章旨在让读者了解有关会议的最基本的理论知识,对会议与秘书工作的关系建立明确的认识。从根本上理解会议存在的价值,初步掌握会议应该如何进行。这些知识是以后学习的基础和前提。

第六节 习 题

一、基础知识题

1. 举例分析会议有哪些功能?
2. 会议的构成要素有哪些?
3. 会前准备的具体内容都有哪些?
4. 什么是会议?
5. 与会者可以分为哪几种类型?
6. 会议结束后通常需要进行的工作环节有哪些?
7. 会议方案的内容包括哪些?
8. 会议时间包括哪几个内容?
9. 会议议题是指什么?对于会议来说,它的意义是什么?
10. 会议主持人在会议中都承担了什么样的责任?
11. 会议有哪些附属功能?

二、案例分析题

1. 阅读下面案例,回答问题。

李季刚刚走上一个新的工作岗位。他的新工作任务是,从一些新员工原来的公司那里获取正确的有关这些员工保险的情况。而李季前任留下的文件非常杂乱,以至于他根本不知道下一步该怎么办。与人事处联系后,李季被告知要为此开一个会,会议被安排在两天之后,来开会的不超过8个人。会议在嘈杂中召开,持续了1个多小时,问题最后得到了解决。

请回答:

(1) 对这件事而言,开会是一个好办法吗?
(2) 如果你是李季,你会怎么做?

2. 阅读下面案例,回答问题。

会场里的"生人味"

某医疗器械有限公司是一家以经营医疗器械为主的专业公司。公司目前在册销售代表20名,均为具有丰富医学知识及销售经验的资深代表。为了进一步研究海外市场促销对策,公司决定召集各销售代表进行商讨。

离开会还有5分钟,从四面八方来的负责人差不多都到齐了。李董事长环视会场,与到会的下属不断点头问好,满脸微笑。

"都到齐了吗?"他问张秘书。

"都到齐了,整20位。"张秘书说。

突然,李董事长脸上的笑容凝住了。他沉默了一会儿,一声不响地走出了会议室。

张秘书一下子紧张起来,也跟着走了出来。会议桌边坐定的与会者,只得坐在那里等待。

"董事长。"张秘书轻声叫道,等待指示。

"小张,会场上怎么有股'生人味'?"李董事长问。

"生人味?"张秘书不解地问。

"好像有不该参加的人来到了会场。"

"不会吧",张秘书说,"名单您审定过,这里是您的签字。来的都是各地经销处的负责人。"张秘书拿出经李董事长审定的名单递给他。

李董事长没有接过名单,问道:"坐在我对面的那个日本人怎么也到会了?"

"他是我们东京的代销商。"

"代销商和经销处负责人一样吗?"董事长严肃地问:"你难道不知道今天会议的议题吗?"

"今天是研究海外市场促销对策……"

"这是本公司的核心机密。代销商只是合作伙伴,并不是本企业的成员,更不是研究企业经营决策的核心成员。内外有别啊!"李董事长说。

"名单上有李明,这代销商的中国名字也叫李明……"

"好了!你待会儿认真地再看看那名单吧!"李董事长一挥手说:"现在,你说该怎么办?"

"现在能不能由我通知东京代销商让他退出会场?"张秘书问。

"你说呢?"李董事长反问道。

"这样好像不妥,会影响关系的。"张秘书说,"是不是能改变会议议题?"

"现在也只有这样了。"李董事长说,"今天上午的议题改为介绍东京代销商与各经销处负责人认识,交流经销经验。主要请这位东京代销商讲一讲东京的市场状况和他们的对策,我介绍中国'三十六计'在日本商场的运用,下午再正式研究之前的会议议题。你通知公关部下午派人陪东京代销商游览市内风景名胜。之后我抽出时间,再与他单独研究如何拓宽双方的合作。"说罢,李董事长快步走进会议室。

张秘书待李董事长离开后打开名单一看,除各经销处负责人的名单以外,李董事长亲笔加了"请东京的李明同志到会"一行字。"东京的李明同志"是指公司派往东京的市场调查员,而东京的代销商中文名字也叫"李明",他只是合作者。

张秘书急忙去公关部联系,然后打国际长途请东京的李明同志立刻赶回总公司开会。

——作者根据相关公开资料整理

请回答:

(1)张秘书在会议筹备阶段犯了什么样的错误?

(2)出现了这样的工作失误,请你利用已经学习的会议知识给张秘书一些弥补的建议。

三、综合实训题

1. 以本班级或者本系为对象,开展一个小调查,列出一个月内所召开的会议清单,并分出类型。

2. 按照本章的会议理论,组织本系或本班级开一次会议。要求注意会前、会中、会后的各种工作环节。

3. 结合以往组织会议的经验和教训,谈谈你认为会议都有哪些组成环节?其中的哪些环节特别需要注意?

4. 结合已往的参会体会,谈谈你认为会议究竟有什么作用?哪些环节最影响与会者的感受?

拓展阅读一

第二章 如何使会议富有成效

学习目标

- ◆ 了解有效会议的界定
- ◆ 熟悉有效会议的构成要素
- ◆ 了解无效会议产生的原因
- ◆ 熟练掌握及运用杜绝无效会议发生的方法

导引案例

现在是星期天的晚上,可是文辉公司的秘书李季已经开始为明天早上的公司例会发愁了。作为秘书,李季按照规程为每次的会议做充分的准备,但是会场上大家的表现却让他坐立不安。如果总经理不能出席的话,就总是有人迟到,而且离开的方式越来越不露痕迹。据说为了逃会很多经理们都在网上定制了"定时闪"的服务,电话会在约定的时间响起。而留在会场上的人大多数时间都心不在焉,或者干脆沉默不语,或者为了一个无关紧要的小问题而发生激烈争执。此外,经常会议已经到了预定的结束时间,可是还没有讨论会议的主要议题。会后几乎每个人都来指责这个会议无聊、浪费时间。大家当然不能跟总经理抱怨,所以李季就成了每次会后千夫所指的人。李季觉得很委屈,他不明白到底为什么会议会变成这个局面,而且因为本次会议没有解决问题,就自然又衍生出来下一次甚至更多的会议,往复循环,李季几乎快要为此抑郁了!

讨论

1. 你认为无效会议的危害究竟有哪些?
2. 什么原因会导致出现无效会议?

有一次,有人问英国首相威尔逊:"内阁部长们平常都做些什么事?"他毫不迟疑地回答:"都在开会。"但是结果如何呢?人们从来没有对任何一届政府满意过,这无疑说明了这些部长们开会的效果并不好。非但政府如此,企业里的情况也一样。据调查,美国的上班族每周平均要参加10个会议,而他们普遍的感觉是其中50%的会议是浪费时间的。几乎没有人承认喜欢开会,但是大家又都在不断地开会。解决这个矛盾的唯一办法就是尽量使会议开得有效,开得成功。为了达到这个目的,下面将从正反两个方面来进行讨论。首先,什么是有效会议？如何界定会议是成功的？其次,究竟是什么原因导致会议不能成功？如果会议失败,将会带来什么后果？解决这些问题对于加深会议的认识将会有极大推进。

第一节 有 效 会 议

一、必须要开会吗

保证会议成功的第一条原则不是如何具体、规范地完成会议操作流程,而是尽量避免会议的召开。如果避免不了,也要尽量对会议进行限制。

如何避免会议的召开？首先,要避免或者减少会议的数量,反复核定举行会议的必要性,只召开务实会议。

其次,在准备开会前充分考虑会议能达到的结果是否可以通过其他形式来实现。当然,这种替代形式要更省钱,甚至更有效。比如,一个会议的预期结果是解决问题或者做出决策,那么这样的会议也许很难找出更有力的替代手段。但是除此之外的大部分常见会议类型都属于说明性会议,而这种会议完全可以用电子邮件的形式来替代。除非确实有必要把团队成员集中在一个房间里,否则就不要为此采用会议的形式。多数情况下,说明性会议都是在浪费时间,完全可以利用通知等形式取得一样的效果。

因此,可以尝试以下几种方法来剔除不必要召开的会议。

1. 会议合并

将有需要讨论的议题集中合并到一起,当累积到相当程度时再开会,借以减少会议的次数。

2. 会议取消

偶尔取消一两次会议,借此判断此类会议被需要的程度。而对于重要而急迫的议题议案,可以随时召开会议讨论。

3. 严格会议审批制度

规定哪些规模的会议必须要经过上级批准才可以开会。这样做可以产生威慑,有效地约束下级提出开会要求的次数。

4. 寻找可替代途径

比如,可以通过电话、邮件,甚至私下谈话等方式来替代会议。

总的来说,如果只召开不可替代的、有具体目标与方针的会议,那么会议的次数是可以大大减少的。

小贴士

> 如果你在一段有限的时间内,有许多会要开,那么会议变得比问题本身更重要。

二、有效会议的界定

目前,学术界对于什么样的会议才称得上是有效而成功的会议,有较为一致的看法。即从会议能达到的目标、会议能在最短时间内达到的目标、与会者对会议感到满意三方面来进行界定。

1. 会议能达到的目标

哈佛商学院的会议管理专家们对召集会议的组织方有这样一个提醒:"要时刻牢记:会议的目的是会议的驱动器。"也就是说,会议其实是达成既定目标的一种手段。因此,衡量会议效果的时候,首当其冲的就是会议是否达到了预期目标。当然,预先存在的假设是,这个目标有被努力达到的可能性。

2. 会议能在最短时间内达到预定的目标

这是充分考虑到效率原则而提出的要求,但很明显它也是个充满挑战性的要求。因为会议上最不缺的就是讨论或者争论。不是所有讨论都能让会议实现组织方需要的结果,但是要达到预定目标必须通过讨论来实现,即使这个讨论很冗长。因此,必须要求会议在保证沟通与信任的前提下,争取在最短的时间内取得成果,达到目标。

3. 与会者对会议感到满意

这里所谓的"满意"绝对不是指会议的最终成果或决议使每个与会者都从中受益,而是指与会者对会议本身进展及结果的感受。

(1) 从实际存在的事实来看,总会有让每个与会者都感到惶恐的事情成为会议的主题,比如裁员、新的薪酬方案、工作纪律等。当遇到类似会议时,无论会议达成什么样的决议,都会使部分与会者的利益受损。但是,即使面对如此尴尬的议题,只要与会者能感到自己充分参与了决议的产生,自己的意见表达出来并得到了倾听和理解,会议就仍然能让他们感到满意。

(2) 让与会者感到满意的会议会使与会者增加成功的感受,并对会后决策的实施产生积极的推动力量。

(3) 让与会者感到满意的会议会使与会者增加与组织结成一体的感受,也就是增强集体观念,能进一步推动组织事务向前发展。

三、有效会议的要素

如果会议要达到上面所规定的成功标准,那么需要在各个环节中都尽量做到最好。很明显,这是非常难以达到的要求。举行一次成功有效的会议,必须具备以下三个要素:明确而清晰的会议目标、合适的会议的主持人和有充分准备的与会者。

1. 明确而清晰的会议目标

在谈到会前准备环节的时候,首要的一点是先确定会议目标。"火车跑得快,全靠车头带",会议目标就是起着这样一种引领方向的作用。一次会议的会议目标可能是一个,也可能是多个,这都不是最关键的问题。关键在于,会议的组织方应该非常清楚召开这次会议想要达到什么样的目的。如果目的是多个的话，那么它们之间的重要程度又是怎么样区分的？这些问题如果能够非常明确的话，会议议题和会议议程就不是难事了。

鉴于会议目标的重要性，通常建议以书面形式将它明确下来。看似不起眼，但是将一个想法写下来的确会使它更明确和清晰。如果不便言明，那么这个书面记录可以只作为对会议组织方的提示信息，使他们时刻注意会议的各项筹备与进展是否妥当。如果情况相反，那么甚至可以将它直接列为会议通知的一个项目，明确告知所有与会者，会议主办方对会议的设想。

还需要注意的是，这个明确、清晰的目标还必须是切合实际的。也就是说，这个目标具备挑战性，但是它也完全具备被完成的可能性。不可能完成的目标是完全没有意义的，实际上也预示了会议一定无效。

2. 合适的会议主持人

会议主持人在会议进行中所肩负的责任是非常重大的。从某种意义上来说，主持人是整个会议准备情况的集中体现，也应该成为会议开始后唯一能真正把握会议进程的人。因此，成功的会议必须要有一个合格的主持人来掌控。

这里所谓的"合格"可以从两个方面来理解。一是对于会议本身而言，在职位上是称职的；二是从掌控会场各种情况的经验而言，在能力上是称职的。同其他的聚会主持人不同，会议主持人是有职位方面要求的，也就是说，主持人必须有一定的权威感。此外，无论会前如何精心地准备、预料各种情况，会议开始后仍然会出现突发情况。例如，与会者迟到早退、会议进行中大家窃窃私语或者整个会场一片沉默、有人喋喋不休占据所有的会议讨论时间，甚至有意打断会议进程等。这就要求主持人有足够的经验和技能，擅长营造积极沟通的会议气氛，按照进程进行讨论，积极启发、引导方向、防止离题等。

3. 有充分准备的与会者

成功的会议是组织方和与会者双方努力的结果。因此，组织方应该为会议寻找合适的主持人和确定合适的与会者。成功的会议应该邀请真正能帮助组织方实现会议目标，并且能为会议的议题提供各种观点的人。当这些人被确定下来之后，组织方要尽可能使他们为会议做好充分的准备，以便最大程度地节省会议时间。

所谓的充分准备可以从以下几个方面来理解。第一，与会者充分理解会议目标、会议议题和会议日程，在会前为其做了足够的资料准备和思考。第二，与会者能够按时出席会议，为会议的召开预留了足够时间。第三，与会者有和他人沟通的良好意愿。与会者做好了沟通的准备，愿意和其他所有与会者共同实现会议的既定目标。第四，与会者要注意倾听，主动思考，并能够积极表达自己的看法。

不难看出，成功的会议需要的是有可能对会议做出贡献，并且主观上也愿意将自己的这种潜力变成现实，用积极、合作的实际行动促使会议达成预定目标的与会者。

除了上述三点以外，影响会议效果的重要因素还有很多，比如，会议制度的建立和完善等。但与充分调动并发挥会议各个环节的参与人的能动性相比，它们的重要性显然降低了。

第二节　无效会议的危害

召开一次会议,只可能产生两种结果:或者完成目标,或者没有完成目标。事实上,不存在模棱两可的评价。所以,一次会议要么是成功的会议,要么就是无效的、失败的会议。无效会议比比皆是,因此很多人对它见怪不怪,认为开一次无效会议不是什么严重的事情。但事实并非如此。无效会议可能带来的是对本次会议目标以及后续工作的连锁伤害。

一、会议目标不能实现

对无效会议的表现最常见的总结是"会而不议、议而不决、决而不行、行而无果"。鉴于会议召开的初衷,无效会议最严重的后果就是会议目标没有实现。

首先,会议目标没有实现意味着为此次会议投入的人力、物力、时间和金钱等都完全浪费。这是最直接的后果。

其次,开会意味着提出问题,确认指导原则,制订出新的方案,直至最后做出决策。它是实施管理的一个手段。与此同时,为了解决某个问题,需要制定决策、实施、彻底完成等多个环节的紧密配合。会议只是这些众多环节中的一个,但是它是起决定性作用的一环。会议目标不能实现,会议不能制定出决策,也就无从谈起后续的所有其他程序,亟待解决的问题也只能作为一个问题和困扰而存在。

最后,如果会议目标未能实现,则会带来顺延的恶性循环。虽然会议失败,但是问题仍然存在。因此,需要后续做工作来对它补救。补救的方式当然多种多样,但一般都会不约而同地选择用会议来补救会议。为同一目标再次召开的会议和已经失败的会议性质完全不同。后者是计划中的事项,而前者则是计划外的,需要各方面再次调整工作日程重新准备会议。这对于时间本来就紧张的与会者而言,无疑增加了额外的压力。再次召开的会议极有可能导致再次补救,形成恶性循环,占用与会者更多的时间,在事实上又延误了其他工作的开展和进行。

小贴士

> 任何一次会议都可能成为一种对时间的浪费、一种导火索或一种阻碍实现组织目标的障碍。

二、会议成本的巨大浪费

开一次会究竟要花多少钱?其实很多人对这个问题并不清楚,尤其不知道该从哪些方面去衡量会议花费。会议成本的计算方式有很多种,归纳起来无外乎下面三个部分:直接成本、时间成本、机会成本。

1. 直接成本

直接成本是指组织方和与会者都能清晰感受到的会议花费。比如，场地租用、各种场地装饰、设备租用的费用，各种资料文件的印刷、制作费用，与会者的食宿费用、茶点的费用，必要的娱乐活动费用，可能出现的差旅费用，宣传报道费用，礼物以及各种会议礼仪用品费用等。这些花费最后都会以具体可查的票据形式进入会议费用核算中。

直接成本可触可感，通常人们对它都有明确的认识。

2. 时间成本

"时间就是金钱"，这句话大家都知道，但常常忘记把它用于对会议成本的衡量之中。会议之所以开得随意，是因为很多人根本意识不到与会者的时间究竟有多么宝贵，也不清楚会议组织方的所有会议服务人员（以下简称"会务人员"）的时间价值。

3. 机会成本

机会成本，是指将投入会议的时间、精力以及经费改变使用途径所能产生的效益。相较于直接成本和时间成本，机会成本是一种隐性成本，对它的衡量显得比前两者更加困难。我们可以从另一个相对便利的角度来认识它：假设全体与会者和会务人员将开会的时间用于在各自岗位上满负荷地工作，那么将产生多大的效益、多少直接的创收呢？从这个角度而言，会议一旦失败就必然带来双倍的损失。

以上三个内容中，直接成本和时间成本是每个会议都要产生的，而只有当会议失败时才会产生机会成本。因此，对机会成本的认识让我们更清晰地了解失败会议的成本浪费状况。而仔细计算这三项开支也必然会增强我们对于开会的审慎态度。

三、挫伤员工士气

会议时间浪费、会议效率低下、会议没有效果，都会让认真投入的与会者严重受挫，引发失败感。如果这种失败感重复出现，就将严重影响与会者对于机构（企事业单位）的认识，降低他们继续为其服务的意识，从而引起懈怠。失败的会议必然也会出现这样一种现象，很多与会者其实只是会议的旁观者。这种情况下，即使会议最终产生了决策，与会者也会对这样的决策缺乏认同感，甚至抱怨或者干脆漠不关心，最终影响决策的执行。

会议失败，不能获得应对阻碍机构（企事业单位）发展的问题的决策，从而影响机构继续前进。这也必将会引发普通员工丧失对机构的信心，导致缺勤率和流动率的上升。

会议是机构（企事业单位）实施管理的一种手段，它是众多管理环节中的一个组成部分。会议可能为了进行决策而召开，也可能是为了具体部署实施决策而召开。无论属于在哪一种动机支配下开会，从节约成本、有利于机构发展的角度考虑，都应该尽量避免会议失败，努力使会议朝着成功的方向进展。

第三节　无效会议存在的原因

绝大多数情况下，总结失败的教训要比学习成功的经验更加重要。掌握了前进道路上的陷阱,大概也就知道了如何顺利地到达目的地。本节将按照会议流程的顺序来讨论无效会议产生的主要原因。

一、前期准备不足

一般来讲,如果没有足够的时间准备会议,就不建议开会。如果仓促开会,那么会议的结果通常不能达到预期效果。另外,当整个预计参会的人员面对机构遇到的问题都还处于反应期时,也不要盲目地将希望寄托在会议上。这是会议召开之前需要力避的两种情况。

除此之外,在会议前期准备中如果出现了以下状况,那么会议很可能会失败。

1. 开会理由不充分

开会理由是否充分,是会议能否有效召开的首要保证。每个会议在召集之初都会罗列理由,但是会议组织方必须对其仔细鉴别。并非任何理由在面对"是否必须开会"这个问题上都能够成立,哪怕这个理由是领导提出来的。

通常情况下,下列理由就是不充分的。

(1) 为了遵循惯例而开会。"惯例"这个词本身就传达了会议并非必须要开。同时,它说明了这种会议缺乏任何实际的目标,就是为了开会而开会,变相地将开会变成了仅仅是聚会、聊天的一种形式,降低为一种纯粹的交际手段。这种情况在实际工作中比比皆是,造成了与会者时间、精力的极大浪费,并且因为会议内容空虚而挫伤与会者的热情。

(2) 为了展示民主而开会。会议的确是民主得以实现的重要形式和载体。但是这一点体现在对会议议题的自然讨论中,而不是为了民主而民主。比如,"真主意、假讨论"的会议,会议组织方不过是想通过会议这种形式让自己的决定更加有说服力而已。这种会议非但浪费大家的时间和热情,而且让与会者有被欺骗的感觉。

如果还没有开会时,大家就已经对某些问题有了普遍了解,而且对于解决方式也取得共识,那么完全没有必要为了走形式而开会和讨论。

另外,也没有必要为了展现决策民主就把很小的议题作为召集大家开会讨论的理由。小题大做,必定会让与会者感觉到时间被浪费。

(3) 为了展示权威而开会。会议是和时间管理分不开的,我们一直也在强调会议必须守时。因此,有些领导将开会当成了展示自己管理者权威的一种手段,借此来确定自己在下属心中的形象。

(4) 为了表功而开会。在实际工作已经完成的情况下,很多人认为不开会,不请上级领导亲临现场,工作就不算结束。这种做法实际上是错误理解了会议的功能,将会议当成了展示成绩的一种手段。

(5) 为了避免尴尬而开会。为了避免尴尬而开会的情况,通常涉及的都是私人问题,比如迟到、怠工等。虽然妨碍了工作,但并非是普遍发生的状况,完全可以采取一对一的方式解决。但是为了避免面对面批评时的难堪,有些领导习惯在会议上将此问题拿出来讨论,认为这样做更安全。而实际上当他这样做了以后,不但没有惩戒犯错误的人,还打击了行为正确的与会者。

(6) 为了推卸责任而开会。按照马克斯·韦伯的理论,领导很有可能最终达到一个自己无法胜任的位置。如果出现了这种情况,那么他必将无法担负起自己的职责。为了能够继续留在这个位置上,唯一可行的就是让大家来代替他完成决策的责任。开会当然是最好的选择。会议的决策是所有与会者共同承担责任的选择。这样,领导就成功地推卸掉了自己应该担当的责任。当然,欠缺勇气的领导也会以这样的心态和理由来召集会议。

小贴士

> 永远坚持——能不开会,就尽可能不开会。

2. 会议文件准备有误

这里所谓的会议文件包括三个部分:会议议程、会议通知、与议题讨论相关的背景材料。

(1) 会议议程。会议必须有议程,欠缺议程的会议必将无法取得成功。而议题数量过多,议程安排不当,或者没有明确每项议程的讨论时间,也同样会导致会议失效。

(2) 会议通知。会议通知的内容不甚周详,没有将所有需要提前告知的内容都罗列其中;或者没有突出重点;或者通知的发送时间不适当等,都会引发与会者缺席、迟到或者准备不足,从而导致会议失效。

(3) 与议题讨论相关的背景材料。会议筹备人员常常会忽视准备与议题讨论相关的背景材料。而实际上,向与会者提供这些背景材料会极大地提高会议效率,使会议在有限的时间内取得真正有价值的成果。尤其当会议仓促召开的时候。

3. 与会者名单不合理

与会者名单的不合理表现在两个方面:邀请的人不合理、邀请的人数不合理。

(1) 邀请的人不合理。邀请的人不合理是指,会议通知发给了与议题关系不大或者无关的人,让会场上出现了没必要出现的人。实际上,没有请到合适和应该到会的人,就是给会议增加了干扰因素,为会议成功设置了人为障碍。

(2) 邀请的人数不合理。邀请的人数不合理是指,会议预计出席的人数与会议的性质和目标不符。关于究竟要多少人来参与,会议才会达到有效,全世界很多的研究者都在关注,也都得出了自己的结论。共同的趋向是,除非是大型集会,否则与会者最好控制在20人以内。不然会议便会冗长、拖沓,永远没有效率可言。当然,人数太少也常常会出现决策是否合法的顾虑。关于会议究竟该让多少人参加,后面的章节里还将详细讨论。

4. 会议方式选择不适当

会议方式选择不适当主要表现在两方面:会议形式选择不适当、会议地点选择不适当。

(1) 会议形式选择不适当。这是从已确定预期完成的会议目标角度而言的。具体内容就是在确定会议的决策方式、会议的规模、会议的性质等方面出现了与会议目标不符的安排。关于决策方式,后面的章节里将详细讨论。

(2) 会议地点选择不适当。出现会议地点选择不适当,具体有以下几种情况:首先,会议地点与会议性质不符;其次,会议地点对与会者而言不适当,不方便;最后,会议地点的设备无法满足会议讨论所需。

二、会场控制不力

会议一旦开始,左右会议方向的就不仅仅是组织方了。所有与会者都将参与进来,共同推动会议的进展。但是作为组织方或者组织方确定的主持人,在这其中仍然会拥有比他人更多的权力来控制会场上发生的情况,对失效会议负有更大的责任。

当原定的会议开始时间到来时,从具体的议题讨论到微妙的会议气氛,都应该被主持人所掌握。无论如何,会议能否达到预期目标,都可以视为对主持人会场控制能力的考验。

1. 不能严格控制会议时间

时间观念是会议制度里面首先要确立的重要观念,也是会议主持人确定自己权威的第一步。

会议时间包括三个方面:开始时间、结束时间、议题讨论时间。

(1) 开始时间。会议不能按照预定时间开始或者无原则地等待迟到者,不但直接拖延会议整体时间,破坏会议制度,而且破坏准时到达会场的与会者的心情,为会议开始后的气氛留下阴影。

(2) 结束时间。会议要开多久主要是被议题讨论时间限定的。通常,一次会议都会有多个议题名列其中,因此,如果要保证整体时间按计划进行,就必须能够控制每个议题的讨论时间,防止会议被讨论牵制。

(3) 议题讨论时间。会议不能按时结束就像会议不能按时开始一样,都会给与会者留下会议已经失控的印象。在这种情况下,与会者很难对会议取得的成果抱很大希望。通常,当会议被拖延时,总是会引起与会者的倦怠,虽然花费了时间,但是效率极低。

小 贴 士

> 延宕并不能解决问题。恰恰相反,它会让问题继续存在,而且还占用了解决其他问题的时间。

2. 引导会议讨论不力

排除掉各种个人动机,会议上也一定会出现不同点的观点,这是非常正常的现象。因此,所有会议都存在对讨论的引导。引导会议讨论不力就不能有效控制会议的方向,导致会议失效。

对会议讨论引导不力主要表现为以下几种情况:

① 某个人喋喋不休占据整个会场,别人得不到发言机会。
② 意见双方互不相让,最后演变成争吵,互争胜负。
③ 会场一片沉默,大家好像对议题毫无兴趣。
④ 大家激烈讨论的并非会议议题。
⑤ 所有人员都纠缠一个问题,对别的会议议题置若罔闻。

这些是最经常出现的会议景象。与会者表现的没有积极性当然让人担忧,但实际上看上去热火朝天的会议也常常没有取得任何成果。原因就是,会议讨论必须目标明确,而且富有实效。主持人必须随时发现讨论中的问题,时刻保持在既定的轨道中推进讨论,然后及时地总结和归纳,让大家明白讨论已经进行到了何种地步,还需要做什么。

3. 会议内外的干扰多

会议进行过程中,主持人不能有效地维持会场纪律。造成不断有人接打电话,甚至频繁走出会议室去接待客户或下属的来访。不但自己会错过或者中断很多重要的发言和讨论,而且极大地分散了其他与会者的注意力,最终干扰了会议的正常进行。

4. 会议无法得出有效结论

没有决议的会议当然是无效会议。有些会议虽然貌似取得了决议,但也仍然是失败的,原因在于与会者没有充分参与。他们或者是缺少准备、心不在焉,或者是性格内向、不敢随意发言等,因此对高层领导或者较早发表的意见保持沉默,不敢提出自己的真实想法。

三、忽视会后跟进

会议结束并不代表会议已经生效。忽视会后跟进会让之前所有的劳动全部失效。

1. 缺乏对会议的反思

对会议的反思包括了两项内容:整理会议记录形成会议纪要、检讨会议得失。

(1) 整理会议记录形成会议纪要。与会者一旦重新投入到自己的工作当中,很容易就会忘记会议上讨论的议题以及具体结果。这是非常正常的现象。会议记录是对会议实况的最忠实的反映,也是形成会议纪要的基础。在会议结束后,如果不能及时整理出会议纪要,并把它下发给相关人员,那么很可能会议上发生的一切会随着会议的结束而结束。

(2) 检讨会议得失。几乎每次会议都会出现新的问题和意外,不能很好地检讨这些经验教训,也就不能期待下一次的会议会取得良好的结果。了解与会者对于会议的感受并探究原因,这是会议组织方必须面对的提高会议效率的环节。

2. 不对决议事项进行追踪

如果会议最终对某件议题做出了决定,那么会后就一定要把这个决定更加明确化。例如,要完成的任务名称、谁来负责、具体的行动方案、什么期限内完成等。如果不对这些事项进行确认和追踪监督,则与会者会重新变得茫然,不知道接下来工作的方向和路线,互相推诿,时机错过之后,在会议上的一切讨论内容就完全失去了价值。

第四节 本章小结

通过正面界定有效会议的概念,简要介绍它的构成要素,探讨失效会议的原因及后果,本章旨在让会议组织方明确召集会议的目的,对会议成本有清晰的认识和计划,增加对开会的审慎态度,认清组织会议时的诸多陷阱,力求避免失效会议,为学习具体的各个环节的会议组织技巧做好准备。

第五节 习 题

一、基础知识题

1. 通过哪些方法可以控制会议的数量？
2. 从哪几个方面可以界定有效会议？
3. 有效会议的构成要素都有哪些？你认为哪一个更重要？
4. 无效会议的严重后果有哪些？
5. 无效会议为什么会伤害员工对于组织的认同？
6. 什么是会议的机会成本？
7. 如何计算会议成本？
8. 哪些环节的错误会导致失效会议？
9. 会前准备不足指的都是哪些情况？
10. 哪些情况下可称为开会理由不充分？
11. 主持人会场控制不力的表现有哪些？
12. 会议结束后还要做哪些工作才能保证会议的成功？

二、案例分析题

1. 阅读下面案例，回答问题。

据报道，20××年××月××日，××市召开了一次全市领导干部大会。市委书记在会上宣布：从今天起，除"人代会""党代会"等特别重要的会议之外，会场不再设主席台，站立发言，不下发讲话材料。以后要少开会、开短会，领导讲话最多一个小时，其他人发言不超过10分钟，省下的时间多下基层调查研究，解决实际问题。

请回答：

(1) 这次会议上关于改革会议制度，都有哪几项具体措施？
(2) 谈谈你对这些措施利弊的具体认识，说出你的理由。

2. 阅读下面案例，回答问题。

我市硬措施治理"文山会海"，每周五为"无会日"

日前，市委办公厅和市政府办公厅联合发文，启动"规模最大、措施最硬"的精简"文山会海"行动。文件首次规定每周五为"无会日"，当天市委、市政府不召开有各区、部门通知参加的综合性会议。

会议多、文件多、领导事务多（俗称"三多"），让领导和基层单位疲于应付。在学习实践科学发展观活动中，市委办公厅广听意见建议，决定采取有效措施防止和克服官僚主义、形式主义，让各级领导干部有更多的时间深入基层，调查研究。

文件规定，凡可以通过电话沟通等方式解决问题的，一律不召开会议，已经发文部署的工作，原则上不再召开会议进行部署。严格控制召开各类纪念会、庆祝会、表彰会。法定节假日一般不安排全市性会议。有关部门和单位组织承办的全市性会议，每年不超过1次。

请回答：

以本章的知识为出发点，谈谈你对于"无会日""无会周"这种措施的看法。

三、综合实训题

1. 我国南方某集团企业曾经仔细计算过本企业的会议成本，得到的答案是每年的会议成本支出"超过三个亿"。请你利用本章提供的会议成本计算方法，找出本系或本班级开的最昂贵的会议。

2. 仍然利用会议成本计算方法，把本系召开的与学生相关的会议成本一一计算出来，然后根据节约成本的原则提出你对这个会议体系安排的建议。

3. 演示你刚刚开过的一次会议，寻找其中存在的问题。

4. 请举例说明你最经常抱怨的会议现象是什么？借助本章所学知识，你认为通过什么方式可以缓解或者根除这种现象？

5. 请你谈谈本章所介绍的会议成本的各项组成在学生会议中的体现。

拓展阅读二

会议组织——会前篇

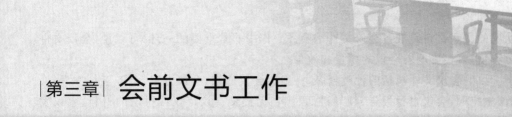

第三章 会前文书工作

学习目标

- ◆ 了解开会前文书工作的类型
- ◆ 理解会议议题、议程和日程的概念、功能
- ◆ 掌握会议通知的结构与写法
- ◆ 熟悉会议通知的发送方式

导引案例

　　文辉公司承办了一个全国性的大型研讨会,会议将在两个星期后举行。会议服务组(以下简称"会务组")成立以后,会议的筹备工作就紧锣密鼓地开始了。

　　根据会务组的分工,李秘书负责起草和发送这次会议的会议通知。李秘书是第一次做这种工作,他很认真地按照会议通知的格式和要求去写。在通知里他详细地写清楚会议的名称、主办单位、会议的起止时间、参加人员、会议议题、会议地点、联络信息以及报到事宜和有关要求。写完后,李秘书自己检查了一下,觉得写得不错,要通知的事项都已经写得很清楚,而且层次清晰,语言简洁流畅。

　　会议通知写完后,李秘书为了抓紧时间,就根据组织方提供的与会名单、邮编和地址,把会议通知装进专用信封发走了。李秘书高兴地认为他的工作顺利完成了。

　　可是几天过后,会务组突然热闹起来了,电话一个接一个地打来,都是找李秘书的。电话的内容大致相同,说是接到会议通知后,有些事情不是很清楚,主要想询问一下会议地点具体在什么地方,如果自己去会场的话,从火车站怎么坐车,有哪些公交汽车能直接到,打车到会场大概有多远等问题。李秘书发现他的麻烦来了,因为从此以后他每天都在忙着回答这些问题,一直持续到报到那天,还有人从飞机场打电话向他询问怎么去报到地点。

　　李秘书很郁闷,心想我的通知写得非常规范和详细了,怎么还会出现这种情况呢?

讨论

1. 李秘书的会议通知发出后为何电话一个接一个地打来?
2. 如何准确拟写会议通知。

　　会议文书在会议的组织、管理中占据非常重要的地位,它是贯穿会议始终、体现会议预想及进展状况的文字材料。准备会议文件是会务工作中非常重要的一环,可以说,会议文件准备的充分程度,直接影响着会议的质量和效果。

大中型会议的会议文件包括的种类繁多,一般有会议通知、会议方案、会务工作方案、会议须知、会议主持词、会议主题报告、领导讲话材料、需提交会议审议或讨论的材料、会议发言材料、会议日程、会议参阅材料、会议新闻稿、会议决议、会议编组名单、会议证件、会议食宿安排表等,几乎所有与会议相关的安排都会形诸文字,分发到与会者及会务人员手中,以备查阅及指导、监督会务工作。而对于常见的高层管理人员参加的小型工作会议而言,会议时间短、参与人员少、强调快节奏、注重效率,因此会议文件的准备范围也只是保留了最核心的部分。

本章主要阐述会议正式开始之前所需要的各类文书的写作,包括会议议题、议程、日程、会议通知等的拟定和会议所需的各类证件的制作。

第一节 会议议题与会议议程

一、会议议题

会议议题是根据会议目标、性质确定并付诸会议讨论、研究或解决的具体问题,是会议的核心。议题是会议目标与性质的具体体现,确定了会议议题就直接引导和制约了与会者之间信息的交流,使会议的进程紧紧围绕会议目标,而不会偏离会议主题。

1. 议题的种类

(1) 会议主题。一次会议中贯穿所有议题的主线叫会议主题,会议主题统帅各个具体的议题。

(2) 中心议题。一次会议的目标不止一个,目标有主次轻重,议题也就有中心议题与次要议题之分。中心议题是体现会议主要目标和主要性质的议题,是相对于次要议题而言的。

(3) 动议。动议,是指在会议期间临时提出的议题,它所涉及的事项一般都较为紧急,常常是针对某项已经列入议程的议案而提出的修正性或者反对性议题。

2. 确定议题的方法

(1) 领导根据会议目的与需要制定议题。

(2) 秘书人员依据实际工作情况收集、整理汇总后提出议题,再经领导审定。

3. 确定议题的要求

(1) 讲究实效。会议议题要符合会议目标的要求,凡是与会议目标和主题无关或偏离的议题都应删掉。

(2) 分清主次轻重。分清议题的主次轻重,明确中心议题和次要议题,以保证与会者能够把主要精力集中于最重要的和最需要认真考虑的问题上。

(3) 数量适当。一次会议议题的数量要适当,避免因议题过多导致会议时间冗长,会议效率下降;或在一定会议时间内议题过多导致每个议题都没有完全解决等情况发生。如果需要讨论的议题确实较多,可采取分段开会的办法解决。

(4) 准备充分。在拟定议题的同时,还要准备与议题相关的背景资料,以便给与会者在讨论和决策时提供较为全面的参考。

二、会议议程

会议议程,是指对会议议题进行先后顺序的安排。具体指的是,对会议要讨论与研究的议题所做的进程安排,即把会议的各项议题按照主次、轻重缓急等原则编排起来并确定下来。会议主持人要根据会议议程主持会议。拟定会议议程是秘书人员的任务,通常由秘书人员拟写议程草稿,交领导批准后,复印、分发给所有与会者。

无论是按计划召开的会议还是临时会议,都应该有精心设计的会议议程。会议议程的作用是帮助与会者明确会议的主题和方向,保证会议一直在正确的轨道上进行。

1. 会议议程的内容

会议的议程就好像考察队的地图一样,所有与会者都应该从中能找到与会议有关的最重要的信息。通常情况下,会议议程主要包括以下内容:

① 会议的目的或者目标。
② 会议的日期、时间和地点。
③ 会议的组织方。
④ 与会者名单。
⑤ 每个与会者在会议中分别承担的任务。
⑥ 会议要讨论的主要议题及时间分配。

会议议程尽可能短小简单,最好能限制在一页纸上。表3-1即为一份规范的会议议程。

表3-1 会议议程

会议的目的:为新产品定价		
会议的目标:制定新产品的定价准则		
会议的主题:考虑各种可能影响价格的因素,制定定价标准		
与会者:张扬经理、李丽、徐明、王志刚、赵玉		
地点:公司五楼会议室		
日期和时间:20××年×月×日 14:00		
议 题	发 言 人	时 间
开场白	张扬经理	5分钟
研究产品的标准成本,不包括开发成本	王志刚	5分钟
报告最佳销售渠道	徐明、王志刚	10分钟
研究竞争对手的定价	李丽	5分钟
报告顾客至上和产品测试所取得的成果	赵玉	10分钟
对产品定价进行小组讨论	所有与会者	15分钟
确定最后的定价标准	所有与会者	5分钟
下一步计划	张扬经理对大家的观点进行总结	5分钟

2. 会议议程的结构

会议议程的结构有以下几个部分。

(1) 标题。标题由两个部分组成,即会议名称加上"议程"字样组成。例如,××公司年度总结大会议程。

(2) 题注。题注一般指的是该议程通过的日期,具体到年月日。题注位于标题下方居中,内容放在括号内。

(3) 正文。正文不包括前言与结尾,只写主体部分。主体部分用简明扼要的语言概括说明会议每项议题的顺序,并用序号标注,句末一般不用标点。

(4) 制定机构和制定日期。在正文右下方写明制定机构的名称和制定日期。

小贴士

什么是会议议程?
① 它是对以往会议经验与教训的沉淀。
② 它是对会议目标的层层分解。
③ 它是对会议各个议题的重要性的取舍和排列。
④ 它是对会议各段时间的约束和提醒。
⑤ 它是把会前准备的颗粒度变小、变细,从而使得真正的会前准备成为可能。

3. 会议议程中议题的安排

从某种意义上来讲,会议议程就是对准备在会议上讨论的议题进行的安排。关于这方面,有三个细节需要密切关注。

(1) 会议议题是完成会议目标的手段。甄选上会讨论的议题的标准就是能否紧扣会议目标,能否准确具体地体现会议目标。对不能准确反映目标或者根本与目标无关的议题进行讨论,会直接降低会议质量。

(2) 从表 3-1 中可以了解到,会议议程中不但要列出会议发言人的姓名、准备讨论的议题名称,还要对每一项议题都给出明确的时间限定,以便与会者遵循。尤其是对重要的、影响深远的议题的开始时间一定要有明确界定,并且开会过程中要坚持按照这个时间计划进行。

(3) 会议议程中应该出现的议题数量。

一次会议的议题不宜过多,否则将会降低效率。

需要强调的是,不能完全预料会议的实际进展状况总是。因此,有必要为会议准备备用讨论的议题,以应对讨论非常顺利、会议时间明显富余的情况。

小贴士

要经常低估,而不是高估在规定的时间内小组能够解决的问题数量。
小型会议的议程表可以安排得相对松散些。

4. 安排议程的方法

最后,作为会议文件下发的会议议程中的议题并不是随意被填写进去的,而是精心安排之后的结果。通常,秘书人员可以从以下四个角度对议题进行排序。

(1) 按照议题之间发生的逻辑关联来进行安排,使前面进行的议题成为后面议题的一个逻辑铺垫,逐步推动决策进行。例如,报告会一般顺序为:开幕式、领导致辞、领导报告、分组讨论、大会总结、闭幕。再如,总结表彰交流会,一般采取的顺序是:首先,对某项工作或某项活动做总结性报告;其次,宣布表彰决定和表彰名单并颁奖;最后,进行交流发言并安排领导讲话。

(2) 按照议题的具体内容来安排次序。把议题按照重要程度进行排序,较先讨论最重要且花费时间较长的议题。这样做的好处是,即使在预定时间内不能处理完所有的议题,但是保证了最关键的议题已经得到了解决。

需要注意的是,"先讨论"并非第一个讨论。因为最重要的议题往往也是最复杂的议题。在会议刚开始的时候,与会者的注意力还不是很集中,还不能充分参与到会议主题中来。这个时候将最困难的问题抛给他们,显然无法得到令人满意的结果。因此,"先讨论"就是当与会者头脑最清晰、思维最活跃的时候首先来讨论最麻烦、最艰巨的议题。

(3) 对议题进行归类,将相同议题尽量集中安排和解决。例如,首先,将提供信息的议题放在前面;其次,是推动决策的议题;最后,是对问题的解决。

(4) 分歧性较大议题或者和与会者有利益关系的议题一般放在最后。这样可以避免因为这种问题的讨论而影响与会者的立场和情绪,进而影响与会者对其他议题进行讨论时的投入与客观性。

在会议议程的工作实践中,一般都是综合考虑了这四种因素后再对议题进行排序,以保证所有被列入的重要议项都能得到充分的讨论,进而会议能完成预定目标,得到正确的决策。

【例 3-1】

A 区项目检查会议议程

日期:20××年××月××日 星期五
时间:上午 10:30—12:00
地点:公司第二会议室
参会人员:刘总经理、张硕副经理、李阳、王立、章明
会议目的:研究 A 区网络项目的进展情况
1. 刘总经理介绍公司目前的销售情况(5 分钟) 2. 张硕副经理介绍上次会议记录中提出的问题及其进展(5 分钟) 3. 李阳介绍关于系统的集成情况(10 分钟) 4. 王立介绍关于网络设备的铺设、安装情况(15 分钟) 5. 章明介绍软件设计、测试的进展情况(15 分钟) 6. 刘总经理总结会议(10 分钟) 7. 下次会议的日期、时间、地点
附件 1. 系统集成情况 2. 网络设备铺设、安装情况 3. 软件设计、测试的进展情况

【例 3-2】

<table>
<tr><td colspan="1" align="center">英豪公司销售团队会议议程表</td></tr>
<tr><td>会议主持人宣布议程(5 分钟)</td></tr>
<tr><td>会议主持人说明有关人员缺席情况(5 分钟)</td></tr>
<tr><td>会议主持人介绍上次会议的记录情况(5 分钟)</td></tr>
<tr><td>销售部王经理关于东部地区销售活动的总结(10 分钟)</td></tr>
<tr><td>销售一部李经理关于加强团队沟通问题的发言(10 分钟)</td></tr>
<tr><td>销售部刘副经理关于公司销售人员的招聘和重组(10 分钟)</td></tr>
<tr><td>人事处王处长确定销售二部经理的人选(10 分钟)</td></tr>
<tr><td>销售部王经理介绍下季度销售目标(10 分钟)</td></tr>
</table>

第二节 会议日程

会议日程指的是对会议活动整个过程在时间上所做的具体安排,它不仅包括与会议议题、议程密切相关的会议主题活动,还包括与会议主题相联系的其他辅助活动,例如,聚餐、娱乐、参观、考察等。

一、会议日程的结构

会议日程一般有文件式与表格式两种写作方法,但较多采用的是表格式。

1. 标题

标题由会议全称或规范化简称加上"日程""日程安排"或"日程表"等字样组成。

2. 题注

题注要写清楚会议举办的起止时间,标明年月日,有的还写明会期。

3. 正文

正文是会议日程的主体,一般包含以下几个方面:

(1) 日期。日期写清年月日,如标题或题注中已写显示会议年份信息的,则可省略不写。

(2) 时间。时间中要根据会议内容将每一天分为上午、下午和晚上三个单元时间,然后在这三个单元时间里划分具体的时间段,这里的时间要精确到时、分,以便让与会者一目了然地看清整个会议期间的安排,做好自己的准备,按规定时间统一参加会议。

(3) 活动内容。写清楚具体活动的内容与名称。

(4) 地点。

(5) 参加对象。

(6) 负责人,或称主持人。

(7) 备注。

4. 制定机构与制定日期

如果在题注中已经说明的,则制定机构与制定日期可省去。

二、制定会议日程的方法与要求

1. 会议日程的内容要与会议议程的内容保持一致

会议议程是对整个会议进程中所有议题进行的前后顺序的总体安排,它的特点是对议题概括的、笼统的安排。会议日程则是对会议议程的具体化,它是依据议程做出的具体安排,把会议议程中的内容确定到具体的时间、地点等内容中,所以,二者在内容上必须保持一致。

2. 会议日程的安排应兼顾效率与健康的统一

会议日程中各项内容的时间安排应注意时间规律,符合人的生理和心理规律,做到张弛有度、劳逸结合,以提高会议效率。比如上午9:00至11:30,下午14:30至16:30,这段时间内人们办事效率比较高,可安排会议,其他时间则安排会议以外的其他活动。××公司提高企业核心竞争力研讨会议日程,如表3-2所示。

表3-2　××公司提高企业核心竞争力研讨会议日程

日期	时间		地点	内容安排	参加人	负责人	备注
20××年 2月20日	上午	8:30	会议大厅	报到	全体	李秘书	备好签到册等工具
		9:00—9:40	小会议室	总经理讲话	全体	李秘书	
		10:00—11:30	小会议室	公司顾问讲座	全体	李秘书	使用投影仪
		12:00	宾馆餐厅	午餐	全体	王秘书	自助餐
	下午	14:00—15:10	小会议室	李副总经理专题发言	全体	李秘书	
		15:30—17:00	小会议室	人力总监发言	全体	李秘书	
	晚上	17:30	宾馆餐厅	晚餐	全体	王秘书	自助
20××年 2月21日	上午	7:30	宾馆餐厅	早餐	全体	王秘书	自助
		9:00—10:00	小会议室	分组讨论	全体	李秘书	
		10:20—11:30	小会议室	分组讨论	全体	李秘书	
		12:00	宾馆餐厅	午餐	全体	王秘书	自助
	下午	14:00—15:00	小会议室	分组讨论	全体	李秘书	
		15:20—17:00	小会议室	各组代表发言	全体	李秘书	
		17:20—19:20	宾馆餐厅	聚餐	全体	王秘书	宴会
		20:00		离会	全体	李秘书	

第三节　会议通知

会议通知是向与会者传递有关会议信息的载体,是联系会议组织方与会议参加者之间非常重要的媒介。规范而准确地拟写会议通知和及时有效地传递会议通知是会议文书工作的一个重要环节,是会议能否顺利召开的前提与基础。会议通知包含三个部分:一是如何确定与会者;二是如何规范、准确地拟写会议通知,将会议有关信息在会议通知中详尽而准确地体现出来,让与会者看到会议通知后,能准确接收和理解会议信息;三是在写好会议通知的基础上如何及时、有效地传递会议通知,保证将会议通知及时送达到与会者手中,从而保证与会者能够按要求做好相关的准备和顺利到会。

一、与会者的确定

1. 确定与会者名单

会议组织方应该邀请的参会人员包括以下几类:

(1) 对会议的目标有深入研究或者对相关情况较为熟悉的人。

(2) 能够客观理智和思考会议主题,并且愿意发表自己见解的人。

(3) 有权做出决策的人。

很明显,会议必须邀请的与会者是与议题讨论相关的人员,对完成会议目标起关键作用、能作出潜在贡献的人员。除此而外的人,组织方可以根据情况来考虑是否邀约其参会。而在邀请的与会者中,如果有两个人总是意见一致,那么可以邀请他们中间的一位即可。

需要强调的是,组织方不能因为考虑惯例或者其他因素而邀请无关人员或者可请可不请的人员参加会议。对于这些人,可以采用会前沟通或者会后告知的方式让他们完成对会议的参与。

2. 与会者的数量

与会者数量的增长直接带来了会议时间延长、会议成本提高、与会者的发言机会减少、发言的受重视程度降低、与会者之间的交流程度降低、互动较差,并最终导致会议效率的降低。

至于邀请多少人参会才是合适的,要根据会议的预期目的及效果来决定。与会者过少,则难以保证讨论的质量,与会者会极易趋同;与会者过多,则会出现互动、沟通困难的问题,同样是不能创造和谐的会议气氛,导致会议质量下降。实践表明,如果与会者超过20人,只能用于通报情况或者布置工作;而更多的与会者一般适合于报告会和表彰会。

要办到切实控制会议人数,应该坚决杜绝陪会的现象发生。

有的时候,与会者总数可能超出了理想状态。这种情况下,可以将议题按照涉及的工作范围归类,设置几个分会场,规定所有与会者只参加自己所属的议题的讨论,相关讨论结束后必须离场。如此,就保证了会议的整体效率。

二、会议通知的内容

发送会议通知除了确认与会者,更重要的目的是为了让与会者在会前就对会议做相关的准备,以便能在会议上充分发挥自己的作用。

1. 会议通知的内容必须包含以下几项基本信息

(1) 会议的名称;

(2) 会议的议程或者主要议题；
(3) 会议的时间、地点；
(4) 与会者名单；
(5) 会议的组织方、联系人；
(6) 会议的要求(比如,需要与会者准备的资料等)。

2. 有些时候还需要告知或提供下面的信息

(1) 与会者的参会理由；
(2) 会议的目标(会议的宗旨)；
(3) 会议组织方已准备的需要提前阅读的会议相关文件资料。

组织方应该明确与会者在会议中扮演的角色；否则,与会者将很难为会议做正确的准备,几乎难以避免在会场上沦为"听众"的尴尬。

此外,会议通知应该尽量简洁、准确、周全。

三、会议通知的结构

1. 公文式会议通知

文件式会议通知使用正式公文形式的格式,并通过正式文件的传递渠道发送,用于召开重要会议。

(1) 标题。标题一般由会议组织方、会议事由和"通知"字样组成,内容居中排列。如果会议由多家单位联合主办,则省略不写或只写主要的组织方。

(2) 主送机关。主送机关即会议通知所发给的单位。

(3) 正文。正文即会议主要内容,一般分为三个部分：

① 开头。交代会议的目的、意义等。

② 主体。包括会议主题、议题、议程和日程等的具体安排,如内容过多可分为几个部分一一写清楚。

③ 结尾。一般用"特此通知"字样结尾。

(4) 发文机关。发文机关要全称,联合主办的会议,所有的主办单位都要写上,并加盖公章。

(5) 成文日期。写清楚具体的年月日。

【例 3-3】

中共××市委组织部
关于召开××市 20××年度组织工作会议的通知

各局党委或党组组织部门：

为了认真总结我市一年来组织工作的经验,布置今年组织工作的主要任务,决定于 20××年 1 月 15 日至 16 日上午(会期一天半)召开××市 20××年度组织工作会议,现将有关问题通知如下：

一、出席对象：各局党委或党组组织部门正副部长(处长)。

> 二、会议地点：××宾馆三楼会议厅。
> 三、会议时间：20××年1月15日上午8：30报到，9：00会议正式开始。
> 四、日程安排
> 1月15日上午：大会，市委组织部常务副部长×××代表市委组织部总结工作，提出任务，三个单位交流经验；
> 1月15日下午：分组学习；
> 1月16日上午：大会交流，市委组织部部长×××讲话，市委副书记×××讲话。
> 五、郊区同志如需住宿，请报到后与会务组联系。
>
> 中共××市委组织部（印章）
20××年1月5日

2. 书信式会议通知

书信式会议通知即使用书信的形式，并通过邮寄的渠道发送的邀请信，其结构要素有以下几个方面：

（1）信头。在邀请信的信笺版心的顶端用醒目的字体标示组织方全称，或用标有单位姓名的信纸来写。

（2）标题。标题一般由会议名称加"邀请函"字样组成，也可直接写"会议通知"字样。

（3）称呼。邀请信发给单位的，写单位名称；发给个人的，应写清楚个人姓名，前面冠以"尊敬的"等敬语词，后缀"先生""女士"等字样。

（4）正文。正文即会议主要内容，一般分为以下三个部分：

① 开头。交代会议的目的、意义等。

② 主体。包括会议主题、议题、议程和日程等的具体安排，如内容过多可分为几个部分一一写清楚。主体一般包含以下几个方面：

a. 参加对象。写清楚对与会者的具体要求，如职务、级别等；有些还要写清楚与会者的资格，如出席、列席、旁听等表达；还有些会议为了达到一定的规模，通知中还要规定参加会议的人数。

b. 会议时间。包含三个方面，即会议报到时间、会议正式开始与结束的具体时间和会期。

c. 会议地点。写清楚会议所在地的地名、路名、门牌号、楼号、房间号、会场名称等，务必准确。

d. 其他事项。写清楚参会费用、报名方式和截止日期等。

e. 联络信息。写清楚会议组织方地址、邮编、银行账号、电话与传真号码、网址、相关联系人姓名等。

③ 结尾。一般用"特此通知"字样结尾。

（5）发文机关。发文机关要写全称，如果是联合组织的会议，则所有的组织方都要写上，并加盖公章。

（6）成文日期。写清楚具体的年月日。

【例 3-4】

"知识经济与可持续发展"学术研讨会会议通知

尊敬的_____先生(女士)：

以知识资本和产品知识的高增值为标志的知识经济的兴起,使知识成为最具扩张力的资本和最具市场潜力的产品。为了探讨知识经济与可持续发展战略,我所定于20××年2月6日至10日在××省××市召开"知识经济与可持续发展研讨会",特邀您出席。

会议主题：知识经济与可持续发展

会议议题：

1. 知识经济与人才发展战略
2. 知识经济与我国现代化进程的互动关系
3. 我国的科技、教育和经济如何应对知识经济的挑战

会议时间：会期5天(含报到时间1天),2月6日报到,2月7日上午开幕。

报到地点：××省××市××路××号××宾馆(电话×××-××××××××)。

有关事项：

1. 与会者须提交论文,在20××年12月20日前邮寄或传真给会议秘书处1份;由会议学术委员会评审确定大会交流的论文,另请打印××份,报到时交给会议秘书处。
2. 与会者的交通费、食宿费一律自理,另交会务费×××元人民币。
3. 与会者务必将"报名表"填妥后邮寄或传真给会议秘书处。
4. 2月6日在××机场全天接站。

联系人：×××

联系地址：×××××××

邮编：××××××

电话：×××-××××××××

传真：×××-××××××××

××市社会科学院(印章)
20××年9月12日

3. 备忘录式会议通知

备忘录式会议通知内容比较简单,用于小型会议,单位内部事务性或例行性会议。在格式上,以"会议通知"字样作为标题,正文部分只写清楚会议名称、时间、地点即可。

【例 3-5】

会议通知

各部门经理：

定于××月××日上午9:00—10:30在公司小会议室召开××××会议,请准时出席。

××公司办公室(印章)
20××年××月××日

4. 请柬式会议通知

请柬式会议通知可以自行拟稿打印,也可在市场上买印制好的请柬填写。由于请柬式通知的对象都是上级领导、兄弟单位、合作对象、社会知名人士等,因此,语气要恭敬、委婉。

【例3-6】

请　柬

尊敬的×××先生(女士):

您好!

我们很荣幸地邀请您参加将于20××年××月××日在××××××××举办的××××××××××会议。本次会议的主题是:××××××××××,真诚地期待着您的积极支持与参与!

×××公司办公室(印章)

20××年××月××日

四、会议通知的传递

在确定了会议议程、与会者名单并在拟写完会议通知之后,接下来要及时通知各位与会者,以便让与会者做好充分的准备。有人认为,在单位内部组织会议时可以用电话口头通知与会者,对外或者正式场合则一定要用书面通知与会者。而从实际的效果来看,除非是非常紧急的会议,否则都应该同时使用口头通知和书面通知。因为这两种方式的作用完全不同。口头通知便于迅速确认与会者初步了解了会议信息,而书面通知则能保证与会者深入把握会议的目标和自己应该承担的责任与义务,对推动会议有更大的帮助。

1. 会议通知的传递方式

会议通知的传递有两种方式:口头通知与书面通知。

(1) 口头通知。口头通知有当面告知、电话通知、他人代为传达等多种方式,适合用于一般性会议的通知,其特点是方便、快捷。

(2) 书面通知。书面通知的有墙报、公告板、信函、电子邮件、传真、电报等多种方式。尤其是邀请一些重要嘉宾或人士时,一定要选择制作精美、漂亮大方的请柬,以体现对对方的尊敬。

2. 会议通知的传递要求

(1) 恰当把握发送时间,不宜过早或过晚。合适的时间能让与会者在接到通知后可以从容地做好相关准备,并按时参加会议。

(2) 如果向多人或多个单位传递会议通知,则应避免漏发或错发,通知发出时应做好登记。认真检查收信人地址、姓名等信息,一一核对,以防出错。

(3) 重要会议的通知发出以后,要及时与对方联系并询问是否收到和是否参加会议。当重要会议的时间临近时,再次与对方确认是否参加会议,以防对方遗忘。

(4) 可同时采用多种传递方式,确保会议通知及时、有效地发送到与会者手中。

五、会议回执或会议报名表

有些会议通知还需要与会者附上会议回执(如表3-3所示)或会议报名(如表3-4所示),以此来确定对方是否收到会议通知并预计参会人数,组织方以此为依据,预计会议规模,选择会议地点。此外,根据回执或报名表,收集与会者的基本信息与要求,确定与会者的资格,以便安排会议的接待工作。

会议回执表与报名表一般制成表格形式,请与会者填写相关内容。与会者信息一般包含：姓名,性别,民族,年龄,职务,工作单位,联系电话,是否参会,预定回程票的时间、班次、到站的具体要求等方面。

表3-3 会议回执

姓名	性别	民族	年龄	职务	单位及联系电话	交通工具及到达时间	回程安排	备注
此回执务必于20××年12月25日前寄至会务组									

表3-4 会议报名

姓名		性别		年龄	
民族		职务			
工作单位				联系电话	
通讯地址				邮编	
回程票要求	(请写清回程票的时间、班次,到站及具体要求)				
备注					

××××公司办公室(印章)

填表日期： 年 月 日

第四节 会议票证的制作

会议票证是会议组织方发给每个与会者的有关凭证,主要包括代表证、签到证证件、参观证、与会者就餐的餐票等。规范、合理的会议票证可为与会者提供方便的服务。

一、会议票务

会议票务主要是就餐票的制作。就餐凭证一般采取两种方法：一种是凭会议的有效证件进入餐厅就餐,另一种是需要设计并印制专门的会议活动时期的就餐票,凭就餐票就餐。就餐票一般尺寸较小,它主要的作用就是与会者就餐的凭证。就餐票上的主要内容有：会议名称、用餐时间和日期，有些会议还会在就餐票背景中制作与会议相关的图标。此外，为了区别不同就餐票，可以为就餐设置不同颜色或字体。

二、会议证件

一个会议往往需要制作很多会议证件。会议证件就是表明会议相关人员身份权利和义务的证据，其主要目的在于做好会议的组织管理，保证会议安全、顺利地召开和与会者的安全等。

1. 会议证件的作用

会议证件的作用是为了表明会议期间各种人员的身份，便于与会者之间的相互辨认和联系、交流。同时，会议证件也便于会议组织方对会场的管理，与会者凭证出入会场，保证会议安全，便于组织方统计会议人数等。此外，对于一些有纪念意义的重要会议，会议证件可以给与会者留作纪念用于收藏。

2. 会议证件的种类

(1) 按会议证件的制作形式来分。

① 证卡类。胸配式，可以夹在衣服上。缺点是容易丢失，损坏衣服。

② 佩条类。配有长条，可以挂在脖子上。特点是不易丢失，比较常用。

(2) 按与会者参加会议的身份不同来分。

① 主席团证。供会议的主席团成员佩戴的证件。

② 出席证。供出席会议的代表佩戴的证件。

③ 列席证。供列席代表佩戴的证件。设计风格与出席证相一致，但要有色差，便于区别。

④ 旁听证。供旁听代表佩戴的证件。设计风格与出席证、列席证相一致，但要有色差，便于区别。

⑤ 工作人员证。供会议工作人员佩戴的证件。大型会议由于工作人员较多，为了便于区分工作职责，往往将工作人员证件用 A、B、C 等类别加以区分，如 A 类是指保安人员，B 类是指会场内服务人员，C 类是指会议接待人员。

⑥ 记者证。供新闻媒体采访会议的记者佩戴的证件。

⑦ 嘉宾证。供会议嘉宾佩戴的证件。

⑧ 车辆通行证。为车辆进出会场及驻地而制作的证件。

在设计形式、内容、色彩上，不同种类的证件除了做到易于区别之外，还应紧扣会议主题，突出会议性质，便于识别和佩戴。

3. 会议证件的内容

会议证件的内容一般包含以下几个方面：

(1) 会议名称。用会议全称或规范化的简称。

(2) 会议时间。会议召开与结束的起止时间。

(3) 证件种类。按与会者参加会议身份的不同，可以分为不同证件类型。

(4) 姓名、性别。

(5) 编号。对会议证件进行统一编号,利于管理。

(6) 照片。有些会议证件内容较多,如单位、身份职务等,如果是重要会议,还需要在证件上粘贴与会者照片,并加盖钢印。

4. 制作会议证件的注意事项

(1) 会议证件的主题要鲜明,经济实用。证件的制作应与会议管理需要相一致。证件种类的名称要醒目,以便于携带与识别,不能只图简单,而影响会议的组织管理,也不要太复杂烦琐,给与会者和会议管理带来不便。

(2) 会议证件在外形上要美观大方,在色彩上要体现会议特点。例如,庆祝会、表彰会等可以采用红色衬底,体现喜庆的气氛;学术性会议则可以采用蓝色衬底,突出其严肃的气氛。

(3) 仔细核对证件中的内容,确保证件上所有信息准确无误。

第五节 本章小结

会前文书包括会议议题、议程、日程的制定,会议通知的写作及发送,会议相关证票的制作,这些工作是会议后续工作的前提和根本。

第六节 习 题

一、基础知识题

1. 如何确定会议议题?
2. 会议议题指的是什么?
3. 会议议程必须包括哪些内容?
4. 会议议程与会议日程的区别是什么?
5. 如何写会议通知?
6. 如何传递会议通知?
7. 会议回执有何作用?
8. 会议证件的作用是什么?
9. 为什么要选择会议通知传递的时机?
10. 会议证件的种类有哪些?

二、案例分析题

1. 阅读下面案例,回答问题。

为了迎接兄弟单位与上级有关部门的卫生检查,某单位领导决定召开一次迎接卫生检查动员大会。局长要王秘书起草一份会议通知,请各部门负责人出席。

王秘书一边起草会议通知,一边思索,某些部门的领导对环境卫生问题一向不太重视,要是他们知道召开卫生工作会议就可能不会出席而派其他人员参加,那该怎么办呢?于是,王秘书灵机一动,拟写了一份会议通知:

会议通知

经局领导决定,兹定于××月××日××时在局办公大楼会议室召开各部门负责任人会议,会议重要,请准时出席。

局办公室
20××年××月××日

王秘书将会议通知下发后,不久,他就接到了不少部门的电话,询问会议的内容,言语中颇有些责怪的意味。

请回答:

(1) 王秘书的这份会议通知里还缺少什么内容?

(2) 王秘书为了保证与会者到会,采用的这个办法合适吗?为什么?

(3) 如果想让与会者认识到会议的重要性,你认为可以在会议通知这个环节采取什么措施?

2. 阅读下面案例,回答问题。

记得前年,县上开"党代会",领导把核对代表证的任务交给了我。为了确保不出差错,我将校对好的代表名册先送到组织部核对了一遍,又经分管主任审核后,才交给负责具体制作代表证的行政科。因为要把照片图像扫描到代表证上,在我们当地做不了,行政科必须到50公里之外的市里去做。开会的前两天,行政科科长打电话让我到宾馆去,说代表证已经做好,让我再核对一次。一开始,我核对得非常认真,这时,送代表证来的经理半保证、半炫耀地说:"我们已经核对了好几遍,不会有错的!"因为代表证送去制作之前的名单就是我核对的,一些代表的情况我相当熟悉,于是放松了警惕,后面的核对就走马观花了。近300个代表证核对完,我没有发现一处错误,当领导问我有没有发现错误时,我还很自信地说"没有",然后就离开宾馆去办其他的事。

第二天,分管主任把我叫来说:"昨天代表证你是怎么核对的,错了那么多?"在没见到实物之前,我还不相信有错误的代表证能逃过我的"火眼金睛",但当看到那些让人又气、又愧、又好笑的出错的代表证时,我立刻蔫了……我没有核对出错误的代表证共5张,全是错在形似字上,如把"邢"印成了"刑"、"祁"印成了"祈"、"建"印成了"健"。看到这些出错的地方,我羞愧得无地自容。幸亏后来秘书组的其他同志发现了这些问题,将印错的代表证重新做,才没有影响到会议的正常召开。

——作者根据相关公开资料整理

请回答:

以本章的知识为出发点,谈谈你对会议证件制作的看法。

3. 阅读下面案例,回答问题。

林秘书所在的公司最近一两个月的产品销售业绩连续下滑,而且还有继续下滑的趋势。总经理非常忧虑,觉得问题很严重,临时决定要在明天上午召开一个部门经理的会议,商讨对策,要林秘书马上通知,要求各部门经理必须准时出席,如有特殊情况,必须向他本人请假。

林秘书接到任务后,马上着手起草会议通知。通知很快写好,可是林秘书却犯了难,现在已经是下午3点,时间太紧张了,怎么才能及时地通知到各位经理呢?林秘书想了一下,决定多种通知方式一起使用。她先打印出一张会议通知,贴在公司的布告栏里,然后又给每个经理的电子邮箱里发了一封会议通知的邮件。因为担心有的经理可能不在公司,看不到前面两种方式发的通知,林秘书决定再给各部门经理打电话确认一下,请他们关注布告栏或邮箱里的通知。

最后林秘书给研发部的赵经理打电话通知时,他的手机总是无人接听。林秘书想也许赵经理可能有什么重要的事情,不方便接手机,就给他发了一个有关详细会议通知的短信。全部人员都通知完毕后,林秘书放心地下班回家了。

第二天上午9点30分会议要开始了,其他部门经理们都早早地坐在会议室里等着开会,却唯独不见赵经理的影子。总经理询问林秘书是否通知到赵经理。林秘书说:"昨天下午赵经理不在,我打他手机不接,就给他发了短信,应该收到了。我去看看怎么回事。"说完,林秘书马上跑到研发部去找赵经理,发现赵经理不在。林秘书询问赵经理办公室的周秘书,周秘书告诉他,赵经理去见一位客户了。林秘书马上打赵经理的手机,却仍然打不通。林秘书不知所措,只好回来向总经理汇报,总经理很不高兴,批评了她。

下午,赵经理回来,林秘书问他为什么不接电话,赵经理说:"对不起,我的手机号码前两天换了,还没来得及通知大家,旧手机给了我妈,我昨天回家晚,老太太忘了告诉我打电话的事情。"林秘书一时语塞,生气地想:"这个赵经理真是的,换手机号码也不及时告诉我一下,害得我被总经理批评。"不过,她转念一想,难道这件事情自己就没有责任吗?

——作者根据相关公开资料整理

请回答:
（1）林秘书采取的会议通知形式适当吗?
（2）林秘书在赵经理没有到会这件事情上有责任吗?为什么?
（3）发送会议通知的形式有哪些?秘书人员应该怎样选择适当的方式?

4. 阅读下面案例,回答问题。

某公司的首席执行官委员会每年都要组织召开六次会议,专门讨论重要的战略和组织议题。为了避免无休止地讨论程序,这家公司规定每次在召开首席执行官委员会会议的前五天,所有的阅读材料都要发到与会者手中,让他们在会议前就能充分仔细地审阅材料,熟悉重要的战略议题,从而在会议上快速做出高质量的决策。

同时,该公司还没有忽略这样一个细节,即在阅读材料上附有一张标准封面,在每一个议题旁边都标明,该议题是作为分享信息,还是作为讨论的议题需要思考和做出决策。

这样一来,与会者就很清楚,在会上他们可以将标有"仅用于信息分享"的议题"拿到会议外去讨论",而为"思考和做出决策"的议题留下更多的时间。

——作者根据相关公开资料整理

请回答:
（1）从本案例出发,你认为会前发放相关资料的目的究竟是什么?

（2）这家公司的做法给你什么启示？你还有没有类似的想法来提高会议效率？

三、综合实训题

1. 假设你所在的系学生会要进行新一届核心成员的选举。作为现任的学生会主席，你认为自己要为这次会议做哪些准备工作？请列出详细的工作清单。

2. 从你个人的参会体验出发，谈谈你对不同类型的与会者数量的看法。需要你提供具体的例证作为说明。

3. 你所在的系或班级召开会议通常采用什么样的通知方式？通知到会的效果如何？利用本章的知识，你认为可以从哪些方面进行改进？

4. 实训背景：××显示器有限公司20××年实现销售额为12亿元人民币，产品30%出口海外，并不断保持产量逐年递增的势头，质量管理也达到了同行业的先进水平。为适应生产规模的进一步扩大，20××年年底，该公司又扩建了1万平方米的厂房，增加了3条国际先进的生产流水线，使显示器年生产能力达到了100万台。

产量增加了，销售必须跟进。目前，××显示器有限公司在全国设有300多个代理商，为了让代理商更多地了解公司的发展，同时展示其即将推向市场的新产品的优势及性能，研究如何扩大产品销售等问题，公司领导决定8月8日—10日在××市召开一次全国代理商会议，由公司李总经理介绍企业的基本概况及发展远景；研发部王经理介绍、演示新产品的性能、核心技术及测试结果；生产部张经理介绍目前企业的生产能力及生产情况；销售部史经理介绍公司产品的销售情况；公司主管孙副总经理就下一步销售策略、销售政策及开展销售竞赛评比等事项做专题发言。同时，选择东北、华北、华南三位销售代表介绍各自的经验；最后表彰50家优秀代理商。会议期间，还要组织与会者参观企业，利用一个晚上的时间举办一场联欢晚会。

为保证会议的成功举办，公司还决定将会议地点和食宿安排在××国际会议中心。同时，各部门抽调10人组成大会筹备处，由张副总经理负责，具体工作包括准备会议所需文件、材料，寄发会议通知，接待，安排食宿，布置会场，联系××国际会议中心，预订返程车、船、机票，邀请新闻媒体，组织联欢晚会等。李总经理还特别强调，要在保证会议隆重、热烈、节俭的前提下，尽量让代表们吃好、住好。

要求：

（1）请你为××显示器有限公司准备召开的全国代理商会议拟订一份会议方案。
（2）根据会议的规模、层次和主题，会议筹备处应具体划分哪几个小组展开准备工作？
（3）以会议筹备处的名义给李总经理提交一份本次会议经费预算方案并请他审批。
（4）请根据会议的内容制作一份会议日程表（要有日期、时间、内容安排、地点、参加人、负责人、备注等项）。
（5）请根据会议内容拟写一份会议通知。

四、写作题

背景说明：假设你是宏远公司的行政秘书施林，下面是行政经理需要你完成的几项工作任务。

便　　条

施林：

　　在后天的总经理办公例会上，要重点研究我公司目前传统制式彩电生产规模的问题，钟秘书为此次会议制定了一个会议议程表，我感觉有些问题，请你修改一下。

　　谢谢

行政经理：××
20××年××月××日

下面是钟秘书制定的会议议程。

会议议程

序号	议题	发言人
1	主持人宣布会议开始	主持人
2	产品市场分析及研究（10—15分钟） ● 权威数据报告 ● 竞争方的研究报告 ● 双方报告数据比较	研发部： 汪洋 刘平 葛平主任
3	新产品的可行性报告（10—25分钟） ● 新产品的市场预测 ● 新产品的技术问题 ● 新产品研发的经费与时间	研发部： 张章 宋敏 李怡然研究员
4	传统产品的市场调查分析（25—45分钟） ● 传统产品的未来市场前景 ● 我公司传统产品预计能够达到的产能 ● 是否要继续维持公司传统彩电的生产规模	市场部： 周平 董丽 田军经理
5	整合问题与对策（10—15分钟） ● 提出相应的解决问题的对策和建议，并形成报告提交董事会	全体与会者

拓展阅读三

第四章 确定会议时间及会议地点

学习目标

◆ 了解会议时间、会议地点的含义
◆ 熟悉确定会议时间的原则
◆ 熟悉选择会议地点需考虑的因素

导引案例

文辉公司李秘书正在制作"下周工作预安排表"。下星期二上午有两个会议同时举行,一是党政联席会议,另一个是离退休人员迎接新年座谈会。按照往常做法,党政领导开会一般都要安排在楼上的第二会议室,那里较楼下的第一会议室布置得气派些,桌椅、沙发、茶具、空调一应俱全。李秘书不假思索地将党政联席会议的地点放在了第二会议室,然后将安排表交给办公室的胡主任审阅。胡主任看了以后,将党政联席会议与离退休人员迎接新年座谈会的地点对调了一下。李秘书看着胡主任红笔改动的地方,心里想,我要学习的地方还真不少。

一般来说,单位里最高层领导开会的地方与职能部门、员工开会的地方应有所区别,层次越高的会议,会议室的安排布置就越要正规,这是与会议出席者的身份相称的。从这个意义上来讲,李秘书的安排并没有什么不妥之处。而胡主任的高明之处在于,他懂得运用心理手段巧妙地安排会议室。离退休人员的会议平时不常开,新年将至,他们团聚在一起,当他们走进明亮舒适平时难得落座的会议室,心里便会油然而生一股自豪感,也知道单位并未因为他们的退休而冷落他们,会产生出强烈的归属感。党政联席会议则经常召开,移至楼下的会议室会使他们有些意外,但一旦了解到楼上的会议室是让给了离退休人员使用,他们一定会认为办公室同志的做法是得体的、明智的。

讨 论

1. 办公室胡主任为何能想到将两个会议的地点对调?
2. 李秘书应该向胡主任学习什么?

第一节　确定会议时间

确定会议时间涉及两个方面：一是何时开会，确定开会的起始时间；二是确定会期，即从会议开始到结束需要多长时间。

一、确定会议时间

确定会议时间需要把握以下原则：

1. 时机原则

时机原则包含以下两方面要求：

（1）举行会议的时机必须成熟且及时召开。举行会议的条件需充分具备、时机成熟，即可保证会议预期效果，否则会适得其反。同时，时机成熟的会议应及时召开，否则会延误工作。

（2）选择合适的会议时间。一是指会议召开的时间富有意义，能配合会议的主题。比如，纪念性会议放在纪念日举行最能突出其主题；庆祝性、招待性会议安排在相关节日前夕召开效果最佳。二是指会议召开的时间有利于推动工作。比如，总结工作、安排计划的会议应当在工作完成之后、计划开始之前举行；工作性例会等，一般安排在周一或周五举行。

2. 协调原则

会议活动需要注意协调领导及与会者参加会议的时间，以免相互冲突。

3. 合法合规原则

法律、法规以及组织章程（或议事规则）明确地规定会期的会议，应当严格按照规定的会期召开，非特殊情况不得提前或推迟。

4. 需要原则

会期的长短要依据会议的实际需要来确定，一般要考虑以下几个问题：

（1）会议的各项议题是否能够完成。

（2）会议的发言是否充分，与会者能否充分表达意见。

（3）会议中是否会有临时动议提出，如果提出动议，大致需要多少时间进行讨论和表决。

（4）是否需要留出一定的机动时间，以应不测。

5. 成本和效率原则

一般情况下，会议时间越短，成本越低，效率就越高。因此，在满足需要原则的前提下，适当合理地压缩会议时间是降低会议成本、提高会议效率的有效手段。具体要做到：

（1）准时开会，准时散会。

（2）会前对会议时间做好预测，在确保会议效果的前提下，尽量做到长会短开。

（3）已散发的书面文件不必照本宣读。

（4）严格控制参会对象，可参加可不参加的人就不要通知其参会。

(5) 建立候会制度。有些工作性会议，往往议题较多、涉及面较广，需要请有关方面的人员参加。如果从会议一开始，便通知所有涉及的单位和人员参加，而真正讨论每一个单位的事项所花的时间并不多，这样就造成了有些与会者不必要的陪会，而且容易使会议的内容相互扩散。为此，有必要实行候会制度。具体做法是：秘书人员应事先了解会议的议程及议题，估计每项议题开始和结束的大致时间，然后通知有关单位和人员提前在休息室等候，当会议讨论到该单位的事项时，再通知其进入会场。

二、确定会议时间需要注意的问题

(1) 会议的主要领导人、嘉宾等是否能在这一时间参加会议。
(2) 与会者是否有足够的时间准备提交相关文件或发言时间，如学术性会议的论文、招标性会议的标书、论证会的论证报告、听证会的证词等。
(3) 会议的各项组织和准备工作是否有足够的时间完成。
(4) 会议开会的具体日期是否在政治、外交、宗教、民族风俗上具有敏感性。

小贴士

> 会议时间的分布，是一件既讲科学也讲艺术的事情。会议时间需要考虑的因素包括：计划未来的时间、总结过去的时间、陈述事实的时间、解决问题的时间、采取行动的时间、理解的时间等。
>
> 某企业曾经宣布"站着开会"，以避免与会者太舒适，从而达到缩短会议时间的目的。

第二节　确定会议地点

会议地点的选择是与会议议程中其他因素同等重要的环节。它是由会议性质、会议规模、会议预算、具体环境等因素共同决定的。会议地点包含两方面含义：一是举办会议的具体地点或方位，即要考虑会议在什么地区以及什么城市举行，尤其是对大型会议而言；二是举办会议时的具体场馆的选择，即公司会议室、会场宾馆或饭店等。

一、选择会议地点应考虑的因素

1. 会议性质及目的

会议性质及目的是选择会议地点首先考虑的因素，会议性质不同、目的、类型不同，就应选择与之相适应的会议地点，有以下几种情况：

(1) 研发会或研讨会。这类会议可以选择有利于沉思默想、激发灵感的相对安静的会议地点。

(2) 培训会。这类会议可以选择能够提供专门工作人员和专门设施的专业培训中心。

（3）交易会或产品演示会或展示会。这类会议可以选择有展厅的场所。此外，还要求到达会场的交通必须便利，方便与会者到达。

（4）年会或联席会。这类会议可以选择的会议地点由与会者的意见而定，或根据会议规则，轮流在与会方各地举行。

（5）现场会、纪念会或庆祝会。这类会议可以选择与会议主题密切相关的事件现场，通过现场观摩，使会议更具有教育意义或纪念意义。

（6）表彰、奖励会议。这类会议的目的是为了对做出贡献的人员或单位进行表彰或奖励，所以会议地点要选择在有一定档次、引人入胜的地方。

2. 会议级别与规格

会议的级别与规格决定了会议地点的选择。级别与规格高相对应地对会议地点的要求就高，体现在对会议地点周边环境、会议地点的硬件设施，如装潢水平、设施的档次和管理、服务水平等各个方面的要求上。

3. 与会者人数、背景情况与偏好等

根据上述几个方面因素的综合考虑和会议实际需要的要求，如与会者的人数及其背景、偏好等综合考虑，以确定会议地点在公司内部会议室还是公司外部，在市区还是在郊区，在本单位还是在外单位或是在第三方单位。会务人员最好制作一个可供选择的会议地点的清单表，并在清单上注明会议所要求的所有条件，选择与之相适应的会议地点。

二、会议地点的具体要求

1. 会场大小是否适中

会场大小要依据与会者的数量与会场设施占地面积来综合考虑，做到会场大小与会议人数相当。会场过大，会使人感到空旷，注意力不易集中；会场过小，则会使人感到拘束、压迫。因此，会场过大或过小都会影响会议的气氛和效果。一般而言，每人平均应有 2 平方米左右的活动空间比较适宜。同时，会场大小还应考虑会议时间的长短，时间长的会议，场地就不妨大一些。

2. 交通是否方便

选择会场，要充分考虑会议地点是否方便与会者前往，太远或交通不便都会给会议的正常进行带来诸多不便。因此，需要选择距离与会者与会议组织方都较近的且交通方便的会议地点，便于前往。

3. 环境是否适宜

会场环境包括气候、空气质量、噪声大小、环境绿化等各个方面。在条件允许的情况下，尽可能选择气候适宜、空气洁净、优雅安静、绿化优美的会场，给与会者提供一个良好的环境，便于与会者心情舒畅、集中精力，保证会议取得预期效果。

4. 会场是否安全

会议场馆内及其周边环境是否能够确保会议的安全，包括人身、财产安全、信息安全等几个方面。

5. 会场规格是否适当

会场规格体现在会场装饰水平、设施档次和服务条件等方面,要切实从会议的实际需要出发确定会场规格,不片面追求会场规格,避免铺张浪费。会场规格越高,支出的费用越大,就越直接影响会议的经济成本。

6. 会场设备是否齐全

会场设备是指会场的必备设备,如桌椅家具、通风设备、照明设备、空调设备、音响设备、通信设备、卫生设施、放映设备、计算机等设备是否齐全。此外,有些会议还应考虑是否有足够的停车场,是否有足够的电梯等。

> **小贴士**
>
> 会议地点的选择需要换位思考、模拟出行。

三、会议室的选择

会议室是会议召开的具体环境,会议室的选择要从多方面来进行考虑。在选择会议室时,需要考虑的因素有:

(1) 会议室必须有空档而且能够被使用,这是选择会议室的最基本的前提条件。

(2) 会议室的大小必须能够容纳本次会议的全体参会人员,不能过大也不能过小。如果会议室空间过大,则会让与会者精力分散,容易走神。如果空间过小,则会让与会者神经紧张,不利于健康,影响情绪,难以从容参与会议。因此,空间大小必须与会议人数相适应。

根据会议室的面积大小和座位数的多少,会议室通常分为大、中、小三类:

① 小型会议室。使用面积在 15~30 平方米之间,座位数在 20 座以下。

② 中型会议室。使用面积在 30~80 平方米之间,座位数在 20~60 座之间。

③ 大型会议室。使用面积在 100 平方米以上,座位数在 100 座以上。

(3) 会议室必须拥有足够的桌椅等家具以及会议所必需的视听设备。这些设备都必须处于正常使用的状态,使用没有障碍。会议时间越长,桌椅家具的舒适度就要越好。但是,不能舒服到让与会者尽情休息的程度。

(4) 会议室必须能够调节照明、室温和空气,保证充分的照明和良好的室内空气质量。

(5) 会议室必须能够排除外界干扰,比如环境噪声、来往出入人员、手机等,以免与会者分心,影响会议交流。

以上五点是所有的会议室选择时都要顾及的因素,必须得到满足。除此之外,如果下面的条件也能够得到满足,就可以选到最佳会议室。

(6) 会议室的保密性好。部分会议内容对保密性有较高要求,即对会议室的位置和设备都有此要求。

(7) 成本低廉。再重大的会议也需要考虑成本。

(8) 与会者都感到方便和满意。

第三节 本章小结

本章关注的是会议时间及会议地点的确定,会议时间包含两个方面的含义:一是何时开会,确定开会的起始时间;二是确定会期,即从会议开始到结束需要多少时间。会议地点,从大的方面讲的是举办会议的具体地点或方位,小的方面讲的是举办会议时的具体场馆的选择,即公司会议室、会场宾馆或饭店等。确定会议时间及会议地点均需考虑多种因素,综合制定。

第四节 习 题

一、基础知识题

1. 会议时间的含义是什么?
2. 什么是会议地点?如何来确定会议地点?
3. 确定会议时间有哪些原则?
4. 确定会议时间需要注意哪些问题?
5. 什么是候会制度?
6. 会议时间与会议效率有什么关系?
7. 会议时间的长短由哪些方面决定?
8. 选择会议地点有哪些要求?
9. 如何来确定不同类型会议的会议地点?
10. 会议室的选择需要考虑哪些因素?

二、案例分析题

1. 阅读下面案例,回答问题。

洪丽是仁和公司的秘书,主要负责的是会议室的安排和协调工作。为了做好这项工作,洪秘书每周都要根据各科室提交的会议室使用申请表,提前编制公司会议室使用情况一览表,做到心中有数。她对公司会议室的使用情况了如指掌,每个会议室有多少张桌椅,可以容纳多少人开会;会议室装有什么设备,设备状态如何;会议室什么形状,适合开什么类型的会议等都非常清楚。因此,每当各部门借用会议室,洪秘书都能根据情况安排合适的会议室供其使用。

有一次,销售部胡秘书拿着会议室使用申请表来找她,说是他们经理临时决定召开一个重要的会议,请她务必给安排一个会议室开会。洪秘书一看,申请表上参加会议的人数一栏是30人,设备一栏填写的是使用投影仪,开会时间是明天上午9:30。洪秘书打开会议室使用情况一览表查看,发现有投影仪的会议室已经全部安排出去了,而带投影仪并能容纳30人的会议室只有301和303,也被人事部和客服部预订了,就问胡秘书是不是一定要用投影仪。胡秘书说，会上要演示营销方案，所以一定要用投影仪。洪秘书又问："你们部门的会议一定要明天上午开吗？可不可以推迟到后天上午，后天有一个可以容纳30人的装有投影仪的会议室空着，可以使用。"胡秘书着急地说："不行啊，这个会议很急，因为要确定最终的营销方案以便执行，总经理点名要马上召开。"那怎么办呢？洪秘书为难了。她跟胡秘书说："你先回去吧，我看看怎么协调一下，过一会再打电话给你。"

胡秘书回去以后，洪秘书开始仔细研究其他部门登记的会议室使用情况，发现使用301会议室开会的人事部的参会人数只有15人，就给人事部周秘书打电话说明情况，同其商量可否换一个小一点的302会议室开会，302会议室可容纳20人。人事部的周秘书说："可是302会议室没有投影仪，怎么办呢？"洪秘书说："请放心，我会叫人安装一个临时投影仪和幕布，不会有问题的。"人事部的周秘书说："那好吧，我会向田经理汇报，并通知其他人。"洪秘书说："谢谢，我也会在公司的布告栏中贴一个会议室更改通知。"挂断电话后，洪秘书拿过公司会议室使用情况一览表，在相应的栏目上做了改动。之后她给胡秘书打电话，告诉他会议室已经安排好了，他们明天上午可以使用301会议室开会。然后打印了一份会议室更改通知，贴到布告栏里。

第二天刚上班，洪秘书就到研发部借了一台投影仪和幕布，从办公室拿了一台笔记本，找人把这些设备安装到302会议室，并进行调试。

由于洪秘书的协调，各部门的会议都能正常召开。

——作者根据相关公开资料整理

请回答：
（1）秘书人员怎样处理临时的紧急会议使用会议室的情况？
（2）在出现使用会议室冲突时，秘书人员应该怎样进行有效协调？
（3）为了准确地安排和协调会议室的使用，秘书人员应该具有什么能力？

2. 阅读下面案例，回答问题。

某公司总裁在创业初期抓住市场机遇，实现了企业的快速成长；当企业营业额增长到10个亿的规模时，已经在全国建立了30多个分支机构；一支500多人的营销队伍。这个企业在广大的地域分散作战，要求管理简化、指令清晰、步调一致、反应迅速、集中精力奋勇作战。

但是企业现在的管理模式，还没有从过去规模比较小的状态中调整过来。例如，总经理在总部的时候喜欢随时召集各部门经理来开会，谈论营销、生产和质量等问题。

这样的会议，事前并无规划，议题和思路只有总经理一个人知道。参加会议的人自己的计划被打乱，对会议的议题又没有时间思考，往往会议都结束了，他们还摸不着头脑。

一个企业如果总是采取紧急会议的形式，时间一长，什么事都不紧急了。这家公司的部门经理们曾经大倒苦水："下班以后开会，一谈就是五六个小时，开到深夜是常事。"这样下来，人困马乏，白天哪还有精力工作。

——作者根据相关公开资料整理

请回答：
这家公司的会议组织有何问题？该如何改进？

3. 阅读下面案例，回答问题。

天地公司在暑期召开一个各部门负责人的培训会议，经理让秘书钟苗选择一下会议地点。钟苗经过仔细考虑后,预订了位于市郊风景区的一家酒店,价格相对便宜,而且周围环境宜人。会后经理及参加培训的人员都对会议地点的安排非常满意。

请回答:

秘书钟苗会议地点的选择为何让与会者感到满意?

4. 阅读下面案例,回答问题。

周丹当秘书已有5年之久,最近她辞去本单位的工作,应聘兴盛达公司办公室主任。第一次参加公司行政办公会议,周丹就发现一个奇怪的现象——人满为患。原来,这家公司行政办公会议有个习惯,每次开会前,所有出席和列席的人员先全部到场。讨论到哪个议题,就由与这个议题有关的列席人员汇报情况,直到这个议题讨论决定后,有关列席人员方能退场。这样一来,列席人员又多又杂,每位列席人员需要汇报的只有一个问题,但却要在会议开始时就"陪会",浪费了许多宝贵的时间,而且有些不宜扩散的信息就在这种情况下交叉传播,极易造成领导工作的矛盾和被动。

周丹根据自己以往的秘书工作经验,向总经理提出了建立"候会"制度的建议,也就是在每一次办公会议前,先估计各项议题进行的大致时间,然后通知相关的列席人员提前到达会议休息室等候,当会议讨论到某项议题时,秘书人员立即请与这个议题相关的列席人员进入会场。周丹的想法得到了总经理的赞赏,从此,兴盛达公司办公会议彻底告别了"人满为患"的现象,会议效率大大提高。

——作者根据相关公开资料整理

请回答:

(1)你如何评价上面材料中周丹的建议?

(2)你还有什么可以提高会议效率的办法?

5. 阅读下面案例,回答问题。

春天公司要举办一次公司员工内部的元旦联欢晚会。经理让秘书小王负责安排一下,找个好地方,让大家痛痛快快地玩上两天,好好放松放松。

王秘书接到指令后,一看日期,离元旦只有几天的时间。考虑到这时候市里的娱乐场所恐怕早已预订一空,价格也比较昂贵,王秘书就上网搜寻郊区适合开晚会的地点。经过精心地挑选比较,王秘书选择了几家比较好的娱乐场所,挨个打电话过去详细地询问了场地大小、娱乐设施、食宿、收费,以及具体位置和交通情况等。之后,他列了几个备选晚会场所详细的情况清单递交给总经理,由总经理最后确定晚会的地点。总经理看了王秘书列的清单,权衡了一下,打算选择位于郊区的一个山庄作为晚会的会场。

为确保网上资料与实际情况相吻合,王秘书决定亲自去山庄走一趟。

王秘书按照资料上标注的行车路线,开车到达山庄,发现山庄的位置离市区不远,而且比较好找。到达山庄后,王秘书以普通客人的身份,要求先参观一下山庄再决定是否在此消费。山庄的前厅经理热情地接待了他,并让一个服务员带他参观。王秘书跟随服务员在山庄里仔细地转了一圈,详细地询问了食宿和娱乐方面的情况,又特别提出参观山庄的大会议厅。王秘书看了之后感觉不但大会议厅场地够大,设计的富丽堂皇,而且音响效果也很理想。整个山庄的环境非常大气幽雅、空气清新、设施先进完备、食宿条件不错,价格也合理,与网上介绍的情况大体一致。于是,王秘书打电话向总经理做了汇报,总经理听后很满意,就拍板让王秘书具体落实。

王秘书回到山庄前厅，向前厅经理说明来意，并确定了联欢会的具体安排。

12月31日上午，王秘书又打电话询问山庄一切是否准备就绪，有没有什么问题。下午，他在15:30赶到山庄，仔细地做了最后的检查，准备迎接公司大队人马的到来。

在王秘书的精心准备下，元旦晚会在热烈的气氛中准时开始。公司的同事们都很喜欢这个地方，玩得很开心，纷纷跟总经理要求下次活动还到这个山庄来。

——作者根据相关公开资料整理

请回答：

(1) 你认为单位在重大节日举办晚会、联欢会一类的节目是否恰当？

(2) 如何理解"会议的成败与会场的选择有相当重要的关系"这句话？

(3) 如果你是一名职业秘书人员，你如何选择合适的会场？

6. 阅读下面案例，回答问题。

艺海公司原定于12月1日18:00租借某度假酒店召开公司成立两周年庆祝活动。公司秘书把请柬发给有关部门的领导，并通知全体员工下班后前往参加。可当12月1日16:00，部分公司员工提前赶到酒店时，却发现所预订的能容纳百人的会议室已被天地公司所用。

这是怎么回事呢？明明一个月前就已预订的房间，怎么会被他人占用，艺海公司的员工很纳闷。经过询问才知道，原来该度假酒店只有一间能容纳100人的会议室，艺海公司秘书人员在预订时，天地公司已经预订了，当时大堂负责人对艺海公司的秘书人员承诺，"若天地公司更换了时间，则会议室由艺海公司使用，不再通知。若天地公司活动的时间与艺海公司活动的时间相冲突，则会及时通知艺海公司。"由于酒店工作人员的疏忽，忘了将天地公司活动的时间与艺海公司活动的时间相冲突的情况告知艺海公司。

结果艺海公司的员工与酒店的工作人员就这一问题发生了争执和冲突，造成被邀请来参加活动的近百人滞留于大堂两个多小时。最后，艺海公司与酒店交涉未果，不得不再包车前往附近的一个宾馆进行活动。

虽然艺海公司成立两周年的庆祝活动还是在当天18:00举行，但是员工们的兴致普遍大打折扣，最后活动早早收场，大家扫兴而归。

——作者根据相关公开资料整理

请回答：

(1) 为什么艺海公司成立两周年的庆祝活动没能取得预期效果？

(2) 如果你是艺海公司的秘书人员，你会如何预订包房？

(3) 作为秘书人员，如果你在活动当天发现所预订的包房已为他人所用，你会如何处理？

7. 阅读下面的诗词，回答问题。

调笑令·会场素描

叶剑英

头重，头重，

四个小时听众。

腰斜眼倦肠饥，

左手频看计时。

时计，时计，

有点猿心马意。

请回答：
（1）这首诗词反映的是什么问题？
（2）关于安排会议时间，你能从这首诗词中获得什么启示？

三、综合实训题

1. 从你个人的参会体验出发，谈谈会议时间的选择对会议效果的影响。
2. 从你个人的参会体验出发，谈谈会议地点的选择对会议效果的影响。

拓展阅读四

第五章 会议生活服务

学习目标

- ◆ 了解会议食宿安排的重要性
- ◆ 掌握会议住宿安排的程序
- ◆ 掌握会议餐饮服务的要求

导引案例

　　文辉公司承办了一个信息研讨会,主办方邀请了全国相关行业的代表70余人到会,会务组的李秘书负责安排与会者的生活服务。

　　李秘书接到任务后,决定先安排与会者的住宿与饮食问题。他马上去会务组,找到会议通知的回执后,仔细查看了与会者的性别、年龄、民族等个人信息,然后进行了分类统计。李秘书统计得非常详细,并认真地把这些信息记录在一个本子上。李秘书统计后发现,与会者共有62名男同志,12名女同志,如果2个人一间,那么应该订37个标准间。然后,李秘书又具体分析每位与会者的具体要求,例如,有些不习惯与其他人合住、有些要求住在向阳的房间、有些要求住的楼层不要太高……李秘书仔细地统计,充分照顾每一位与会者的需求,然后将预订的房间告诉了宾馆的值班经理。

　　做好与会者的住宿安排后,接下来李秘书就安排会议的饮食。李秘书在详细统计与会者信息的基础上,发现与会者中有两位代表是回族人,还有两位代表的生日刚好在会议期间,他在这些特殊的信息后面做了一个明显的标记,以提醒自己不要忘记。李秘书根据会议日期和与会者的实际情况,认为这次会议的餐饮形式采取自助餐与聚餐相结合的方式比较好。因为上午和下午安排的会议比较紧凑,早餐和中餐就采用自助餐形式;而晚上的时间比较充裕,可以采用聚餐的形式。此外,李秘书还精心选择了可口的饭菜与茶水饮料。对两名回族与会者的饮食,李秘书也注意了他们的民族禁忌,为他们单独提供饭菜。对于会议期间过生日的两位与会者,李秘书则在早餐时按中国的传统习俗给他们专门奉上长寿面和荷包蛋。李秘书这样的安排让与会者们都很意外,也很感动,夸赞会议服务太细心周到了,他们感觉就像在家一样。

　　整个会议结束后,在会议反馈评价表上,与会者对会务生活服务给予了很高的评价。

讨　论

1. 你认为会议住宿和饮食应该如何安排?
2. 如何做好会议住宿及餐饮工作?

会议的生活服务就是为与会者提供会议期间生活方面的服务,包括与会者的住宿安排、会议餐饮服务两个方面。如果这两个方面安排的合理、周到,就会大大提高与会者的参会效率,从而提高会议效率。

第一节 与会者住宿安排

住宿安排是一项具体细致的工作,住宿安排首先考虑的是让与会者住得舒服,与会者只有休息好才会有充沛的精力来参会。秘书人员要根据与会者的实际情况、具体要求和房间条件等因素综合考虑,统筹安排,提前编制住房分配方案,做好与会者的住宿安排。

一、了解与会者情况

通过会议通知回执、报名表等多种渠道统计与会者情况,具体包括姓名、性别、职务、单位、生活习惯等,由此确定房间数量和种类。

(1) 房间数量与种类。通过与会者的统计汇总,首先确定房间的数量和种类。房间数量既要考虑与会者的人数和他们的具体情况(如是否带随行工作人员),同时也要考虑会务管理和服务的实际需要。例如,有时会务组根据需要在宾馆设立值班室或临时办公室,有时与会者需要在宾馆里会见客人(尤其是外宾),这就需要另外预订若干会客厅。因此,要根据会务的实际需要和与会者情况准确拟定所需要的房间数量。此外,最好留出机动房间,以便遇到特殊情况时做临时调剂。

房间种类就是根据与会者的职务、级别等情况确定住宿房间的种类,一般有普通间、单间、套房等。

(2) 保证住宿房间设备与设施齐全、完好并能正常使用。

(3) 收费与免费服务协议,要根据事先的协议确定具体的免费服务内容与收费服务内容。

二、住宿地点的选择

(1) 根据会议性质确定住宿地点及房间内设施的规格。

(2) 住宿地点尽量靠近会场,最好是住宿房间与会场在同一个地点,如饭店或宾馆,这样既方便与会者,又可以节省时间和交通费用。

(3) 价格合理。秘书人员在选择住宿的宾馆或饭店的时候,要根据会议性质充分考虑设施、安全性、价格、地点、环境等方面的因素,然后综合进行选择。如果由与会者自己支付住宿费,就需要选择几家价格和条件不等的饭店、宾馆或同一个宾馆不同标准的客房供与会者选择。秘书人员也可以选择几家比较满意的不同档次的宾馆或饭店,与他们订立长期合作的合同。这样做不但在遇到困难时可以得到宾馆方面的配合,而且在价格上可以得到一定的优惠。

三、住宿房间的具体安排

(1) 与会者住宿房间尽可能集中,这样有助于会务组和与会者的信息沟通与事务联系,也便于与会者之间在休会期间进行非正式的沟通与交流。

（2）身份、职务相同的与会者，住房标准大体一致。

（3）一般情况下，应首先照顾女性、年长者和职务较高的与会者，安排在向阳、通风、卫生条件较好的房间。

（4）如果是来自同一单位的与会者，则可以将他们安排在一起或相邻房间，以便于他们及时联系，方便工作的开展。

（5）如果安排两个人一个房间，则可以选择专业相同或相近的与会者同住一间，这样有利于他们之间的交流。

第二节 会议餐饮服务

餐饮是会议计划中不可缺少的组成部分。与会者在会议期间吃得如何，直接关系到与会者的身体健康。此外，还会影响到与会者参会的质量和对会务工作的评价，进而影响到承办会议单位的信誉和形象。

一、会议餐饮的要求

1. 规格适中

会议饮食安排要根据与会者的情况和会议组织方的经费预算综合确定就餐规格，尽可能以节约为本。

2. 卫生安全

卫生安全是饮食工作最基本的要求是指，从食物的采购选用、清洗、加工烹饪、餐饮用具等一系列操作过程，必须洗净消毒，干净卫生，保证食物及用具等不会对人的身体产生各种不良影响。

3. 营养美味

饮食工作在确保卫生安全的基础上，既要讲究食物的营养，还要做到美味可口。

4. 照顾特殊群体

大型会议中，与会者大多来自不同地方，有不同的饮食风俗和习惯。虽说众口难调，但会议组织方应尽可能照顾不同口味的与会者，尽量满足不同民族与会者的饮食习惯、风俗和禁忌。

总之，会议餐饮安排要在会议规定的就餐标准内，尽可能地为与会者提供品种丰富、美味可口、干净卫生的饭菜，照顾不同国家、不同地区、不同民族与会者的饮食习惯，为与会者提供满意的饮食服务。

二、确定就餐人数及预订餐厅

就餐人数可通过会议通知回执与会议签到的实际人数确定，当然，就餐人数除了与会者，还包括会务人员的人数。确定好就餐人数后就可以确定会议就餐地点，需要考虑以下几个方面：

(1) 餐厅大小能否容纳会议活动的全部就餐人员，餐厅大小与就餐人数成正比。
(2) 餐厅卫生条件是否符合规定。
(3) 饭菜品种是否丰富多样，质量能否满足要求。
(4) 餐厅和与会者驻地距离是否适当。
(5) 价格是否合理。

三、确定餐饮具体方案

1. 就餐时间、地点

就餐时间需要根据会议活动的作息时间综合考虑；会议地点需要确定每餐的具体地点，人数多时可多安排几个就餐地点。

2. 就餐形式

就餐形式可采用分餐式和围餐式两种。

3. 就餐人员组合方式

就餐人员组合方式是指，就餐时与会者采取自由组合，还是按会议活动编组的方式组合就餐。

4. 会议餐饮类型

(1) 早餐。由于与会者在早餐后，还要参加会议，所以最好减少与会者对食品的选择，为与会者提供低热量低脂肪的食品。在国际会议中比较流行的是咖啡、牛奶、果汁、蛋制品、香肠及面包片等食品。这种早餐不需太长的烹饪时间，一般采用自助餐的服务方式。

(2) 午餐。为使午餐后的会议更有效，避免与会者在会间打瞌睡，最好是让午餐保持清淡。从会议要求来讲，午餐最好多提供蔬菜、水果、清淡海鲜等。一般也可采用自助餐的服务方式。

(3) 晚餐。通常，晚餐比较正式，与会者在参加完一整天会议后，且后续休息时间较长，所以晚餐相对比较重要，对餐饮形式、菜肴等各个方面有严格要求，一般采用较为正规的宴会方式。很多晚餐，常把娱乐作为宴会的一部分，即把夜间娱乐消遣及与会者品尝当地特色食品、欣赏当地文化风情相结合。

5. 菜单的选择

(1) 菜品应干净、卫生且新鲜、可口，无论从外观还是口味上都能吸引客人。
(2) 菜单应考虑口味的协调，保证辣、酸、咸、甜，软和硬，凉与热的平衡，确保品味与质地的完善，并且考虑颜色、口味、搭配、食品构成的组合。
(3) 菜单设计应考虑民族习俗与地域差别。大型会议因与会者来自不同地区、不同民族，其生活习惯差别较大，所以饮食应考虑到民族习惯和忌讳，同时可以提供当地特色食品。
(4) 会议菜单还应考虑避免同一菜品连续几天出现，避免同一道菜在午餐和晚餐中重复；另外，在烹调方法(炒、炸、蒸、煮、熘、煎、爆等)和宴会形式上应灵活多变(如自助餐和餐桌形式)。
(5) 考虑食品的营养结构，提供低热量、低脂肪、维生素丰富的菜品。
(6) 如果会议团体成员较多，设计菜单就应考虑烹调时间以及保温和服务准备时间。

(7) 要注意菜单的装饰效果与纪念意义。一份外形设计精美、富有特色的菜单,放置在宴会桌上,能起到画龙点睛的作用,为宴席、菜品增色不少。

6. 餐前检查

就餐之前,会议组织方应对饭菜质量、分量、道数、卫生状况、环境氛围、服务态度等进行必要的检查,发现问题,及时纠正或调整,必要时采取抽样检查或全部检查的方法,进行化验,防止食物中毒。

第三节 本章小结

通过对会议住宿、餐饮工作的安排,可以使与会者身体健康、精力充沛地参加会议,这具有重要意义,秘书人员应认真对待。本章对会议住宿和餐饮的介绍,旨在让秘书人员掌握会议生活服务各方面的要求,由此保障会议的正常进行。

第四节 习　　题

一、基础知识题

1. 如何安排与会者的餐饮?
2. 与会者的住宿地点如何选择?
3. 如何安排与会者的住宿房间?
4. 会议餐饮类型应该如何选择?
5. 会议餐饮菜单应该如何选择?

二、案例分析题

1. 阅读下面案例,回答问题。

一次市委召开会议,与会者420人。为把会议开好,市委发出通知,要求各单位把与会者名单提前报来,以便编组做好有关准备。会议秘书处接待科的张秘书,按照领导要求把编印好的名单一一安排好住宿并写好住房卡,领好房门钥匙。

报到的那天,与会者在报到处签到,拿到住房卡和钥匙即可住进房间,签到既不需要排队,也不拥挤,接待工作安排得井井有条。突然有一位女同志到大厅报到处说:"怎么搞的?竟然安排男同志住在我的房间?"引起在场的人哄堂大笑。这位女同志很恼火,接着又去找会议秘书处领导。会议秘书处领导很快当场调整好房间,答应重印名单,这才平息了这位女同志的怒火。

请回答:

(1) 在这个案例中,如何评价张秘书的行为?
(2) 通过此案例,你认为会前准备时有哪些特别需要注意的事项?

2. 阅读下面案例,回答问题。

在××会议服务工作(以下简称"会务工作")中,秘书人员十分注重服务细节,处处彰显人性化服务,使与会者有一种宾至如归的感觉。一是关心少数民族代表。秘书人员要求宾馆严格按照民族饮食习惯为会议代表安排膳食,在宾馆专门设置了回民餐厅,受到回民代表的欢迎。二是悉心做好医疗保健工作。会议期间,秘书人员聘请医疗专家为代表们提供医疗保健和咨询服务,并配备了救护车、急救箱、心电图仪、除颤器等急救设备和物品。此外,他们还与省人民医院等三所医院联系,分别留出两张干部病房24小时备勤。三是合理安排行车路线。为了保证与会者出行方便,秘书人员精心设计了行车路线和发车安排,梯队发车,错开交通高峰,最大限度减少对公共交通的影响。每次集体乘车都安排留后车辆,方便未按时乘车的代表乘坐,保证所有代表正点到达会场。四是营造温馨环境。会议期间,秘书人员在每个与会者的房间里都摆放了鲜花和水果。如果有与会者过生日,他们就送去慰问和祝福。如果有与会者生病,他们不仅及时提供医疗服务,还会专门为与会者送去热腾腾的病号饭。

请回答:
(1) 如何做好会议的餐饮工作?
(2) 围绕案例,谈谈你对会议餐饮服务的认识。

3. 阅读下面材料,回答问题。

春天公司于20××年××月××日在××市某酒店的会议中心召开新产品的大型客户咨询洽谈会。参加会议的有180人,特邀有关领导和专家10人,工作人员10人。会期3天,食宿也安排在开会的酒店内。公司派主管销售和公关的李副经理负责这次会务工作。在第一次大型宴会上,会务人员事先做了精心准备,订制的菜肴非常精美,色、香、味、形俱佳,又富有浓郁的地方特色。可在用餐时,会务人员发现个别用餐者面对桌上的猪肉制品皱起了眉头,有人甚至拂袖而去。会务人员小张忽然想起,在报到时,有五六个与会者在报到单上注明"回族",他懊悔不已,赶紧把情况报告给李副经理。李副经理马上通知有关人员采取了补救措施,但那几位离开的与会者情绪还是受到了影响。

——作者根据相关公开资料整理

请回答:
(1) 会务人员在拟定菜单时有没有疏漏之处?
(2) 会务人员安排餐饮时需要注意哪些问题?

三、综合实训题

从你个人的参会体验出发,谈谈你对会务工作中住宿及餐饮的看法。

拓展阅读五

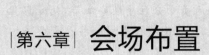

第六章 会场布置

学习目标

- ◆ 了解会场座位格局类型
- ◆ 理解选择会议整体布局的要求
- ◆ 掌握会议座次安排
- ◆ 熟练掌握会场内、外环境的具体布置

导引案例

文辉公司成立快十年了,公司决定举办十周年庆祝大会。此外,为了体现这次大会的隆重与喜庆,同时利用大会期间与各界朋友、同行联络感情,公司决定广邀嘉宾,会议具体组织由会务组承担。考虑到参会的人数众多,公司决定将公司的大礼堂作为表彰会的会场。

正式开会的前一天,会务组的李季带领几个人去大礼堂布置会场。大礼堂是长方形的,李季决定会场整体座位格局的摆放采用大小方形的格局,前面设立一个主席台,全体职工在主席台对面就座。座位格局确定好后,李季指挥工作人员摆好桌椅。考虑到参会部门多、人数多,李季决定把场内划分为几个区域,然后按照场内座位排号分区,确定不同部门就座的区域,然后根据每个部门参会人数留出相应的几排座位,并贴上部门标签。场内座次安排好后,李季按照与会嘉宾与单位领导职务的高低安排主席台的座次,并在每个座位的左侧放置了各位领导的席卡。

安排好座次后,为了突出大会的喜庆气氛,李季又指挥工作人员在会场上铺上红色地毯;主席台的桌子上铺上红色的台布,放上话筒;主席台上方拉上醒目的横幅;在会场周围和主席台下摆上鲜花。

经过精心策划和布置,一个庄严整齐和喜庆的会场呈现在众人眼前。

讨论

1. 会议整体布局应该如何选择?
2. 会场应该如何布置?

会议地点择定之后,具体展示会议面貌的是会场。会场必须与会议的目的相称。会场的布置必须符合会议议程的要求。会场的合理布置对完成会议议题,达成会议目标的确具有一定作用。

会场布置包括会场整体座位格局的选择,主席台与场内普通参会者座次的排列,会场内横幅、标语、花卉陈设等许多方面。会场布置就是要根据会议性质与要求创造出和谐、美观、舒适与庄重的氛围,体现会议的主题和气氛。因此,会场布置是会议服务的一个非常重要的方面,通过对会场格局的选择、会场内座次的排列、会场内各部分的具体布置,掌握会场布置的一般工作流程。

第一节　会场座位格局安排

会议的成功不仅需要精心安排的会议议程和良好的会议设施,而且还需要使整个会议活动能在会场内有效地进行。会场布置的关键在于,对已有会场空间的充分、合理地利用。强调通过调整室内家具、设备的位置,减少视线障碍,有效利用空间,提高空间的使用率。

一、会场整体座位格局的类型

会场整体座位格局是应对会场内桌椅的摆放形式呈现的,它是由会议的性质与会议的规模和需要所决定的。

1. 小型会议座位格局

小型座位格局采用全围式,是指会议领导和与会者共同围坐在一起,而不单独设立主席台,这样体现的是平等和相互尊敬的精神,有助于与会者之间互相熟悉、了解和不拘形式的发言,使与会者能畅所欲言,充分交流和沟通,形成融洽、合作的气氛。这种格局适合召开小型会议,如座谈会、交流会、协调会等,常采用的格式有长方形、回字形、椭圆形、圆形、六角形、八角形等,具体如图 6-1～图 6-6 所示。

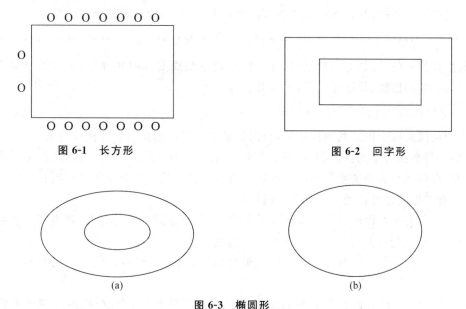

图 6-1　长方形　　　　　　　　　图 6-2　回字形

图 6-3　椭圆形

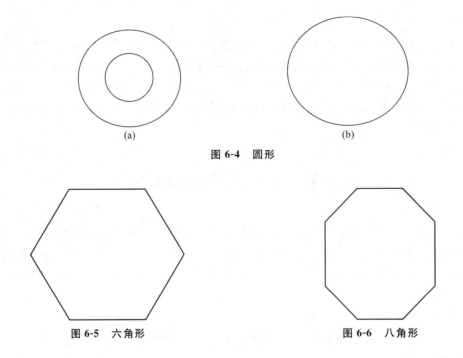

图 6-4　圆形

图 6-5　六角形　　　　　图 6-6　八角形

无论是借助以上的哪一种类型来安排座位,最好都要确保座位之间留有至少一臂长的间隔。这样会使与会者的个人行为不至于影响到其他人。而在与会者较多的会议,摆放桌椅时要尤其注意留出适当的距离,方便与会者进出。另外,注意桌椅的摆放位置,避免与会者直接受到太阳的暴晒。

小贴士

> 越是小型会议,越是要保证与会者彼此能看见,能听清对方讲话。

最后要补充的是,针对小型会议,在上述会议室格局安排的基础上,还可以借鉴众多日本及韩国企业的做法,如撤掉椅子,站着开会等。

2. 小型会议中人员座位的具体安排

小型会议采取全围式的座位格局,目的就是为了更好地让与会者充分沟通。

此外,与会者所坐的位置不同,开会的效果也会大为不同。目前,关于座位位置安排的含义和其对群体行为与关系影响的研究还在进行阶段。虽然在结论上还没有达到完全的共识,但是有些原则已经得到了大部分人的认可。

(1) 会议主持人和秘书人员应该视野开阔,坐在能看到全场所有人、观察到所有状况的位置上。而且他们彼此可以及时以各种方式沟通。

(2) 会议主持人和秘书人员的位置也最好能够看到门,这样方便他们随时掌握与会者的出入情况。

(3) 与主持人靠近的位置意味着更高的地位或者荣誉;反之,距离越远意味着级别越低,对会议的参与程度可能也越低。

(4) 不要把可能意见一致的人安排在一起,这样会容易引起同盟,进而导致与其他人的对抗。

(5) 尤其不能把见解不同的两类人面对面地安排,这样引发的对立和冲突将更加严重。

(6) 尽量保证让身份、意见,甚至性格不同的人间隔而坐。这样会极好地避免出现某个阻碍会议顺利进行的区域。

注意:上面的这些原则要保护的都是会议能达到事先的预期,出现理想中的气氛,得到真正有价值的结果。

3. 中大型会议座位格局

中大型会议座位格局一般有三大类。

(1) 礼堂(剧院)型。即上下相对式,指的是会议主席台和与会代表席采用上下面对面的形式,突出了主席台的位置。因此,会场气氛显得严肃、庄重,适合于召开大中型的报告会、总结表彰会和代表大会等。礼堂(剧院)型格式一般有大小方形、"而"字形,如图6-7所示。

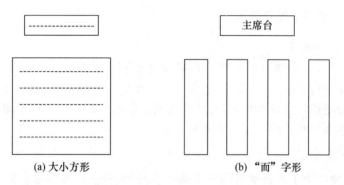

图 6-7 礼堂(剧院)型

(2) 半围式。这种格局介于上下相对式与全围式之间,即在主席台的正面和侧面安排代表席,形成半围的形状,具有相对主席台的严肃、庄重,又有两侧半围的融洽。这种格式一般有桥形、半月形、T字形、马蹄形等,如图6-8所示。

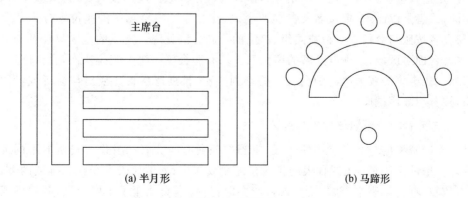

图 6-8 半围式

（3）分散式。又称星点式，指的是将会场座位分解成由若干个会议桌组成的格局，每一个会议桌形成一个中心，与会者根据一定规则，即以面门为上、居中为上、远门为上、以左为上等规则就座，其中会议领导就座的桌席称为"主桌"，其他桌席以此为标准按序排列。这种座位格局在一定程度上突出主桌的作用；同时，又给与会者提供多个谈话、交谈中心，会场气氛较轻松、活泼。这种格局适合于召开规模较大的联欢会、茶话会、团拜会等，如图6-9所示。

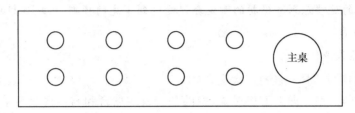

图6-9　分散式

二、会场整体座位格局的要求

1. 会场的大小与人数

会场的大小与人数是制约会场座位格局设计和安排的两个重要因素。会场小而人数多，则应将座位安排得紧凑一些；反之，则要安排得宽松一些。因此，在设计和安排座位格局之前，应事先对会场进行实地考察，从与会者人数及会场内必需的活动空间和安全性等多方面综合考虑，确定会场整体座位格局和疏密程度。

2. 体现会议性质与目标

不同座位格局所产生的会议氛围和心理效果是不同的，要根据会议的性质与要求选择与其相适应的座位格局。比如，座谈会一般采用全围式的座位格局，不设专门的主席台，所有与会者围坐在一起，从而使会议气氛比较融洽，畅所欲言，体现座谈会的要求。

三、与会者座区划分和座位安排

座区是指按会场内的一定规则划分和排列的座位区域。规模较大、参会人数较多、代表资格不同，或者是以团组、单位名义参加的会议，往往需要将会场中的座位划分为若干个区域，让与会者按照与会代表身份或团组、单位的不同分区就座。这里的座区只涉及与会者位置，即主席台面对区域，或称群众席的座位安排。有些会议不统一安排座次，自由就座；但有些会议如代表会议等较为严肃的会议需要排列座次，排列座次首先要对与会者或者团组进行分组，按分组顺序就座。

1. 按与会者的资格划分和排列座区

凡有不同资格的与会者参加的会议，应当按照所有与会者的身份与资格的不同分别排列座区。一般的做法是：正式代表的座区在前面或居中；列席代表安排在后排或两侧；特邀嘉宾，人数较少的，就座于主席台上；人数较多时，主要嘉宾就座于主席台上，其他则安排在前排就座，以示尊重和欢迎；如果有旁听或记者采访，则在会场两侧或后排专门设立旁听席和记者席。

2. 按团组、单位划分和排列座区

按团组划分和排列座区,要先按一定的原则确定团组排列的先后顺序,然后再按一定的方法确定具体座区。

(1) 确定团组先后次序的方法。

① 按团组、单位名称的汉语拼音首字母顺序来确定。即第一个字母相同,依据第二个字母来确定,以此类推。

② 按团组、单位名称的笔画多少来确定。即第一个字笔画相同,根据第二个字的笔画数来确定,以此类推。

③ 其他方法。例如,全国性会议各代表团的先后顺序依据《中华人民共和国行政区划代码》规定的顺序排列,国际性会议则按国际礼宾顺序排列。

(2) 安排团组、单位座区的方法。

① 横排法。把每个团组、单位的座席按顺序以代表座席朝向为准,从左到右横向依次排列座次的方法。

② 竖排法。把每个团组、单位的座席按顺序以代表座席朝向为准,从前到后依次纵向排列座次的方法。

③ 左右排列法。以会场主席台的中心线为基点,将顺序在前的团组、单位排在中间位置,其他团组按先左后右的原则向左右两侧横向交错扩展排列座次的方法。

四、主席台座位安排

1. 主席台座位安排原则

前排高于后排,中央高于两侧,左侧高于右侧(国际惯例则是右侧高于左侧)。如图 6-10 所示,当领导人数为奇数时,1 号领导居中,2 号领导在 1 号领导左手位置,3 号领导在 1 号领导右手位置。

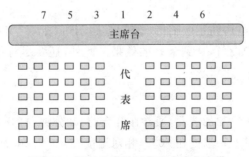

图 6-10 领导为奇数时主席台座位安排

2. 主持人的座位安排原则

就座于前排,一是居于前排正中央,二是居于前排的两侧,三是按其具体身份排座。

第二节　会场环境布置

所谓会场环境布置,就是为了烘托会议气氛,体现会议要求而进行的一系列对会场内外环境的布置,内容繁多。会场环境布置要使会议现场能够切合会议的主题精神,除了要突出会议主题之外,还要营造适合会议性质的现场气氛。会场标准布置力求使会场井井有条、干净明亮,使与会者情绪饱满,保证会议的顺利进行。

一、会场环境布置的基本要求

1. 突出会议主题,合理营造会场气氛

秘书人员要准确把握会议主题,使环境表达与主题相契合。比如,办公会议、中层干部例会、部门负责人碰头会等应该突出庄严、肃穆,可以只挂横幅;答谢、庆功等会议要突出喜庆,可以有气球、花篮等;座谈等会议强调轻松、随意,可以摆放茶点等。

2. 勤俭节约

尽量利用已有条件进行装饰、布置,能达到表达的目的即可。会议结束后所有物品要做好清点、回收,以备下次使用。

二、会场环境布置的具体操作

通常的工作例会,会议室除了要保证清洁、桌椅齐备、视听设施状态良好之外,有时也会用到下面一些装饰和布置。一般来说,应考虑到以下几个因素。

1. 会场布局

会场布局要畅通无阻,除了安全疏散的需要外,还应特别考虑到特殊人士的需要。例如,残疾人士的需要,我们应确信任何行动不便的人都能轻松到达会场的所有区域。

2. 环境噪声

会议室内应保持安静,房间不应临街、不在施工场地附近,门窗应能隔音,室内音响的布置要注意配备合适的音响设备,达到最好的效果。此外,还要尽可能降低会议室的回声,以形成良好的开会环境。

3. 温度和湿度

室内最好能使用空调机和加湿器,通常在开会前30分钟,打开空调机,以使空气的温度与湿度保持在适宜的水平上。温度在20℃,相对湿度在40%~60%之间最合适。如果温度和湿度无法达到上述要求,则至少要保证空气的清新和流通。

4. 桌椅与台布

桌椅的选用是与会议的状况密切相关的,首要的要求是让与会者坐得舒服。桌子的一般标准高度为80厘米,宽度则随意组合,桌子的形状依会议性质而定。椅子有扶手椅、靠背椅、硬椅、软椅等,会议时间较长的一般采用高档桌椅。大型高级别的会议,要根据会议的整体色彩要求选用适合的椅套,并要对桌椅进行布置,如加桌布或椅套,桌布要根据会议的性质选择质地精良、色彩明快的平绒布或丝缎织品等。一般而言,桌布的尺寸以在会议桌上铺好后距离地面 1~3 厘米为宜。

5. 会标

会标是指会场内面向与会者、以展示会议名称为主要内容的会议信息的文字性标志。一般会标以横幅的方式悬挂于主席台后上方,也可以用计算机制成幻灯片,用投影仪映射到屏幕上。颜色一般为红底白字或蓝底白字,前者使用于比较喜庆类的会议,后者则适用于较严肃、庄重的诸如学术性会议。

会标的制作要求如下。

(1) 醒目。是指会标的制作形式和位置具有较强的视觉冲击力,给人明显、深刻的印象。

(2) 和谐。是指会标的整体效果要与会议主题、性质相一致,无论是严肃庄重还是轻松活泼,都要体现会议要求。

(3) 全面。是指会标要尽可能体现会议的主要信息,有些会标只是很简洁地写出会议名称,但有些会标还会在名称下边标出会议组织方、承办方、会议时间、地点等其他信息,如图 6-11 所示。

```
××××成因及防范对策国际学术研讨会
       (20××年××月××日—××日)
              中国·上海
           组织:××××××
           承办:××××××
              20××.××.××
```

图 6-11　会标

此外,制作会标还应依据主席台的长度和会议名称的字数来确定,一般字数不超过 30 个字。

6. 会徽

会徽是体现或象征会议精神的图案性标志,一般悬挂于主席台屏幕中央,形成会场的视觉中心,具有较强的视觉冲击力。会徽一般以本组织的徽志作为会徽,如党徽、国徽等;还有一类是向社会公开征集的,体现或象征会议精神的图案作为会徽。

7. 标语或图片

小型会议如单位内部会议可在会议室两侧墙上张贴一些关于企业内容的图片或有关于企业精神宗旨的语录,也可以悬挂企业高层人物的题词。大型会议则把体现会议主题的口号用醒目的书面形式张贴或悬挂起来作为会议标语。

(1) 会议标语的类别。

① 主体性标语。是指为了宣传会议、烘托会议主题的标语。

② 礼仪性标语。表示热情欢迎与会者和祝贺会议的礼仪性的标语,如"欢迎参加会议的各位代表!""预祝大会圆满召开!"等。

(2) 会议标语的制作要求。

① 亲切随和。

② 要有鼓动性和号召性,看后会让人精神振奋。

③ 简洁明了,看后易于记忆。

(3) 会议标语的悬挂要求。

① 把握数量,不宜太多。如果悬挂标语过多,会产生视觉污染,让人感到厌烦,起不到宣传的效果。

② 位置适当。一般在会场两侧或会场外,主席台一般不悬挂标语,以免冲淡会标的效果。

③ 悬挂方式别致新颖。一般采用横幅、竖幅,但大型会议在会场外采用气球吊挂、拱形门、广告牌等形式。

8. 旗帜

旗帜有国旗、会旗、党旗、队旗、红旗、彩旗之分。不同的会议现场根据礼仪规则有不同的旗帜悬挂要求。例如,在体育比赛、展览会等国际性活动中也会悬挂有关国家的国旗。会议中的旗帜一般有国旗、会旗或各种纯色的彩旗。重要会议的会场需要升挂国旗或者单位会旗,有时还需举行升旗仪式;彩旗一般用于庆祝、表彰性的会议,在会场内外悬挂,可以增加会议隆重、热烈、喜庆的气氛。在悬挂旗帜时,需要注意以下事项:

① 篇幅一致。是指旗的大小应一致,面积大体相等。

② 不能倒挂。是指旗的正面应面向观众,不能随意倒挂、反挂,尤其是国旗。

③ 高度相等。是指旗的旗杆高度应该整齐划一。

9. 模型标志

模型是矗立在会场内外的象征会议精神,表达特殊含义的、具有视觉冲击力的造型。

> **小贴士**
>
> 模型来源很重要的一个方面是向社会公开征集而来的,最后选择最能体现或象征会议精神的造型作为模型。模型还要便于对其进行平面图像或立体表现形式的复制,便于相关载体的生产、加工及保护。

10. 花卉

会议现场布置中鲜花可以烘托出隆重、喜庆、亮丽、和谐的氛围。会场内外适当布置鲜花,能衬托会议主题,烘托会议气氛,给人清新、活泼的感觉,并能减轻与会者开会的疲劳,也有助于会场的空气净化。

花卉选择要贴合会议主题,并且坚持节约的原则。能够达到美化会议室的环境,改善会议室的视觉效果,使与会者心情舒畅的目的即可,而无须过分渲染。通常,一般的小型工作会议选用绿色植物来美化环境。如果要突出喜庆的气氛,那么可以考虑选择已开花的植物。

(1) 花卉的要求。

① 新鲜。花瓣的含水量多、不凋谢,并摘掉枯枝败叶。

② 干净卫生。清洗花草,清除灰尘、泥垢或可能藏在其中的昆虫,必要时还要进行消毒。

③ 美观大方。花的造型与枝叶要合理搭配,不堆砌。

(2) 花卉的颜色。注意花卉本身不同颜色的搭配,还要注意花卉颜色与会议主题相配合。气氛热烈的庆祝会以红、黄等颜色的花为主;庄重严肃的会议应当以常青观叶类花卉为主;座谈会等气氛较轻松的会议,可摆放观赏性花卉,以增加和谐融洽的气氛。

(3) 花卉的摆放。花卉常见的摆放位置包括会场内主席台台口、讲台或报告桌、会议桌、会场外会议入口处。花篮适用于开幕式、会议场馆门口及主要通道;贵宾胸花用于贵宾出席开幕式、主题发言等;主席台桌面用花在开幕大会主席台中心摆设;讲台用花置于讲台前方盖住话筒;陈列用花在椭圆形、回字形等会议桌上摆设。

① 主席台花卉的摆放。一般在主席台座位前一排,不高于主席台的高度。

② 讲台花卉的摆放。用绿色植物与鲜花装饰,尽量不要显得单调。

③ 会场内。在会场四周合理摆放鲜花可使会场更加活泼。

④ 会场外会议入口处。一般采用花篮形式,烘托气氛。

11. 灯光

会场内灯光的强、弱、明、暗,会给会场带来不同的视觉冲击。灯光有自然光与人工光两种,室内光线应以自然光为主,人工光为辅。会场内应充分利用自然光,因为人工光比自然光更容易使人疲劳。会场内应选择采光好的位置,同时,避免因电脑、会议桌面、玻璃或其他有光亮表面的物品反光而刺激人的眼睛。如果不能有效采用自然光,就需要人工光来补充。当然不同会议对人工光又有不同要求,具体注意以下几个方面。

(1) 一般性工作会议,适宜采用白炽灯和日光灯作为会场的照明光源。

(2) 联欢会或庆祝会、表彰会等喜庆色彩较浓烈的会议,尤其是在晚上举行的,可适当采用彩色灯光,突出喜庆气氛。

(3) 如果大型会议设主席台,则应突出主席台的地位。因为主席台是会场的中心区域,其受射光线的亮度应比主席台下方代表席的光线稍强些,以利于集中与会者的视线。

(4) 投射在主席台后面屏幕上的光线不能太亮,否则会使主席台处于逆光状态,造成主席台上的发言者形象模糊;同时,也容易造成主席台下与会者的视觉疲劳。

12. 会场指示标志

为了让与会者清楚明了解会议场所各个地方的方位,需要设立指示标志。指示标志要力求简洁、准确,一般有座次图、席卡、路标、团组标志、桌签等形式。

(1) 座次图。座次图即标明会场整体格局和具体座位图,例如,主席台座位分布和与会者具体座次的图标,一般张贴于会场入口处,使每位与会者心中有数。

(2) 席卡。席卡即与会者桌上尤其是主席台上放置的写有姓名的标签,也称为名签或座签。名签一般两面书写名字，一面朝外，一面朝向与会者自己，便于与会者寻找自己的位置，又方便互相辨认。国际性会议的席卡，可用中英文两种文字书写国名或组织名称。

（3）路标。如果是庆典性、招待性、研讨性等形式的会议，会场比较大或很难找，就需要用路标来指引方向。在一些可同时举办多个会议的大型会议场地，要求通往各处的路线上都贴有标志，而且还要增加返回路线说明以及指向接待处的标志，目的是让与会者方便找到自己所在的会议大厅。

（4）团组标志。一个代表团、小组或与会者身份的座位区域标识，可以制作成落地指示牌，写明团组名称或与会者身份类型，置于该座区的正前方或两侧，或制成台式标志，放置在该座区第一排的桌子上。与会者的身份可按正式代表、列席代表、旁听代表、记者代表等分别写清楚。

（5）桌签。桌签即用序号标明桌次的标识。一般大型宴会或联欢会等采用分散式的座位格局时，由于桌次比较多，需要用序号标清楚桌次。

第三节 本章小结

通过对会议座位格局与会场内外的布置，本章旨在让秘书人员了解有关会场整体格局的选择，会议主席台与代表席的座次安排，会场内外应该如何布置等。只有掌握会场如何布置，才能更好体现会议的目的与要求。

第四节 习 题

一、基础知识题

1. 会场整体座位格局有哪些？
2. 主席台座次应该如何安排？
3. 如何安排与会者座次？
4. 如何选择会场整体的座位格局？
5. 如何对会场进行布置？
6. 如何制作会议标语？
7. 如何摆放会议花卉？
8. 小型会议较为倾向的会议室格局有哪几种？为什么？
9. 会议室里常备的设施都有哪些？
10. 布置会议室的原则是什么？

二、案例分析题

1. 阅读下面案例,回答问题。

案例一

春天公司年底为表示对客户的谢意,召开了客户联谊会,并在会后与客户们共进晚餐。负责接待工作的秘书李响根据上司的指示和宴会惯例,安排桌次座位。这次宴会共设3桌,餐厅正面靠墙为主桌,编1号,靠入口处为2、3号桌,摆成三角形,突出主桌。重要客户在主桌。为方便来宾入席,李响特意做了座位桌签,并摆在桌上。但由于这次联谊会时间紧,与会者名单确定得晚,所以李响在抄写时漏掉了应编在主桌的一位重要客户,结果致使该客户入席时找不到座位,出现了十分尴尬的场面。

案例二

某公司举办大型服装新品展销会,与会者是来自各大公司的经理。该公司也向当地政府发出了邀请,由于市长不能确定是否参加,故副市长代表参加。然而展销会即将开始时,市长却突然来了。各嘉宾已经在台上就座,却发现没有市长的座签和座位,会议组织方十分尴尬。

请回答:

(1) 如何安排会场座位?

(2) 请结合案例,谈谈如何做好会场的相关物品准备。

2. 阅读下面案例,回答问题。

春天公司举办周年庆祝会,邀请了市里的领导和新老客户以及各界的朋友。庆祝会在隆重热烈的气氛中顺利进行。上午,市政府王副市长做了热情洋溢的发言,与会的各界代表也纷纷发言表示祝贺。下午,与会者参观了春天公司的新厂房和新设备。晚上,按照会议日程,6点钟在公司宴会厅设宴款待与会者。

负责安排晚宴的是办公室张秘书,她按照与会者的人数和职务高低,安排桌次和座位。张秘书一共安排了6桌,她根据宴会的惯例,以离门远正对着门面为尊的原则,安排了1号主桌在宴会厅最里面正对门的位置,2号、3号桌为一排紧靠主桌,4号、5号、6号桌排在一排并靠近2号、3号桌,依次按扇面型由里向门口摆放。主桌和其他桌的座次安排也遵循宴会惯例,中间对着门的位置是主人的位置。按照以右为上的原则,春天公司张总经理的右手边应该安排王副市长,可是听会务组的王秘书说王副市长下午有事先走了,晚上可能来不了,所以张秘书就把这个位置安排给了张总经理。

为方便来宾入席,张秘书特地做了桌签和座位名签,摆在相应的桌子上。因为与会者较多,为了避免混乱,张秘书还做了卡片,上面写好来宾的姓名席位。张秘书让服务员在宴会厅入口处发放,并要求他们做好领位服务。

一切准备就绪后,与会者先后有序地落座。就在宴会即将开始时,意想不到的是王副市长来了。老远就听到他爽朗的声音:"张总经理,不好意思,紧赶慢赶,总算没有迟到。"

张秘书愣住了,因为她没有给王副市长留位置,王副市长应该坐哪里?

——作者根据相关公开资料整理

请回答:

(1) 张秘书遇到这种局面,应该如何解决?

(2) 结合案例,请你评价张秘书的桌次和座次的安排是否妥当。

3. 阅读下面案例,回答问题。

某县环保局今年的工作很出色,清理整顿了一大批污染严重的公司和企业,又重点整顿了一些物业小区的环境卫生,得到了市里的表扬。环保局决定召开一次表彰大会,表彰工作突出的部门和个人。会议的会场安排由环保局办公室李秘书负责。李秘书考虑到这是一次全局的会议,人数众多,就预订局里的大礼堂作为表彰会的会场。

正式开会的前一天中午,李秘书带领几名工作人员去大礼堂布置会场。大礼堂是长方形的,李秘书决定会场座位布局摆放采用大小方形的形式,前面设置一个主席台,全体职工在主席台对面就座。座位布局确定后,李秘书指挥工作人员摆放好桌椅。

考虑到这是全局的表彰大会,参会的部门多,人员也多,既有普通的与会者,也有受表彰的个人和部门代表。为了使会议有序和方便起见,李秘书决定把会场内划分为几个区域,按照场内的座位排号分区。受表彰上台领奖的个人和部门代表坐在前面,按照表彰领奖的名单顺序就座,方便有序地上台领奖和下台就座,以节省时间。此外,还在每个座位上贴上姓名标签,方便他们寻找自己的座位。在受奖区后面,根据每个部门的参会人数留出相应的几排座位,贴上部门标签。

李秘书按照职务的高低安排主席台上的座次,中间是环保局的嘉宾李副市长,环保局高局长在李副市长的左边,常务刘副局长坐在李副市长的右边,洪副局长坐在高局长的左边,林副局长坐在刘副局长右边。李秘书让工作人员把各位领导的名签放在每个座位的左侧。这次表彰大会由高局长主持,鉴于主席台人数不多,高局长就在原位就座。

安排好座次后,为了突出表彰会庄重喜庆的气氛,李秘书又指挥工作人员在会场铺上红色的地毯,主席台的桌子上铺上红色的台布,放上话筒;主席台上方拉上醒目的横幅,并调试了音响设备以保证会议的音响效果;在会场周围及主席台下摆放鲜花,主席台后面插上红旗。

经过李秘书地精心策划和布置,一个庄严喜庆的会场呈现在众人眼前。

——作者根据相关公开资料整理

请回答:
(1) 会场整体座次布局应该注意哪些问题?
(2) 秘书人员应该怎样安排会场内其他人员的座次?
(3) 主席台的座次安排应该遵循哪些惯例?

三、综合实训题

1. 请画一张你所在学校的教学楼到学校行政办公楼的会议室的路线示意图,在进行比较评价后,请选出比较清晰完整的路线示意图。

2. 假设你所在的学校要召开建校 100 周年校庆,邀请了市领导、教育厅厅长、媒体记者等嘉宾,请问如何做好会场的座位安排?

3. 假设你是文秘专业的学生。一天,学生管理室老师请同学们在教室开一个研讨会,会议的主题是"当代大学生思想状况分析",安排你负责会场的布置,请你写出会场布置策划书。

4. 以你参加过的会议为例,说明不同性质会议的会场布置的差异以及原因。

5. 实训题

职业情景:晴晴饲料工业总公司是一家国有老企业,年产200万吨龙牌系列全价饲料。公司工艺设备先进、技术力量雄厚,饲料产品系列配套,特别是公司采用国际先进配方后,生产的龙牌系列全价饲料含有畜禽生长所必需的各种维生素、氨基酸、微量元素、抗生素及营养素,具有营养全、饲料省、长得快、防疾病等特点,为不同品种、不同生长阶段的畜禽提供充足的营养物质。产品经公司下属的大牛牧场试验饲养,外贸出口的牛肉品质优良在全国名列前茅,产品还被认定为全国优质产品。

再过一个月,就是公司成立50周年。为此,公司决定举办一系列纪念活动。一方面回顾总结公司50年来走过的历程,继承和发扬当年艰苦创业的优良传统和精神;另一方面研究确定下一步公司发展战略,寻求新的发展机遇。

在此系列纪念活动中,公司安排了4次会议:

(1)庆典大会。邀请市领导、行业协会领导、新闻记者、有关专家、客户代表、退休老职工,以及公司员工代表约300人出席。根据会议方案,主席台将安排3位市领导、2位行业协会领导、2位专家、1位客户代表、1位退休老职工和公司总经理、副总经理共11人就座。

(2)报告会。邀请2位专家讲授饲料行业的发展状况、新技术及国外发展现状等。会议规模为100人。

(3)公司发展战略研讨会。邀请研究院所、高等院校及行业机构的专家、学者以及金融界人士20人与15名企业中层以上领导干部,共同研讨公司下一步的发展战略,并请专家为公司"把脉",为公司开出"处方"。

(4)劳动模范座谈会。拟邀请公司内各级劳动模范11人,与公司4位党政领导及工会主席进行座谈,回顾公司的创业历程,听取劳动模范对公司发展的意见和建议。

本着节俭办会的原则,根据公司的安排,上面4次会议的会场布置均由公司秘书小武负责。

请回答:
(1)如何布置庆典大会会场使气氛热烈、隆重?
(2)如何布置报告会会场使气氛庄重、美观?
(3)如何布置研讨会会场使气氛庄重、舒适?
(4)如何布置座谈会会场使气氛轻松、和缓?

拓展阅读六

会议组织——会中篇

第七章 会议服务

学习目标

- ◆ 了解服务及会议服务的含义
- ◆ 理解会议服务的重要性
- ◆ 熟悉会务人员的重要性及其应具备的要求
- ◆ 熟练掌握会议各项服务的内容及要求

导引案例

文辉公司要召开一个全国性重要会议,其间还要套开另一个大型会议。两个会议参加的领导层次高,参会人员近400人,会期前后有6天。

为了办好这次重要会议,公司的各级领导高度重视,成立了筹备领导小组,下设会务组、文件材料组和宣传报道组。会前,有关领导组织召开了动员会,对做好会务保障工作提出明确要求。会务组入住会议地点后,立即进行了合理分工,明确了工作职责。公司的有关领导提前指挥、全面负责;会议保障总值班人员上传下达、具体协调;各小组对会务工作进行细化分解、逐条逐项落实到人,明确任务要求和完成期限。为保证各项工作有序地进行,会务组建立了以下三项工作制度。一是联络员制度。将会务人员分成8个联络小组,每组2个人,全程为会议代表服务。二是碰头会制度。每晚召开一次碰头会,总结当天情况,布置第二天的工作,并针对出现的问题,研究改进措施。三是首问责任制度。要求对会议代表提出的问题实行首问责任制,第一次接手的会务人员必须负责到底,不能推诿塞责、敷衍了事。同时,会务组要求各小组责任人加强督促检查,保证会务保障工作有序地进行,落实到位。

会议期间,全体会务人员严谨细致、精益求精,不论是值班、印发文件,还是接送站、会场组织,都认真抓好每个环节。会议代表动身前,会务人员用短信的方式将开会地当天的天气情况发送给他们,使会议代表还未到达会场就感受到周到温馨的服务。

在会议代表集中报到的时间里,会务组对一些飞机航班时间接近的批次进行了合并接机,及时安排暂时等待的会议代表在休息厅休息,一杯水、一本杂志使代表们消除了路途疲劳,对合并乘车的做法也表示理解和肯定。飞机航班因各种原因提前或延误多次,最长的延误近5个小时,负责接站的会务人员都进行了及时妥善的安排,保证了每位会议代表都顺利报到。当会议代表快要抵达宾馆时,会务人员就将统一制作好的写有联络员联系方式和房间号的"服务联系卡"放置在房间中,便于会议代表有事情随时联络他们。会议期间,会务组每天制作一张文字优美、制作精美的"温馨提示卡",内容包括当日重要活动安排、时间、地点及天气预报等,提前摆放在会议代表的房间内,使代表对会议安排一目了然,享受到充满温情的服务。会议后期,考虑到有的代表携带行李参观和考察不方便,会务组及时联系邮局在会议驻地设立行李托运点,将代表们不便携带的物品先行寄出。

会议结束后,返程票统计的工作,也无一出错,并且会务组对未尽事项进行跟踪服务,将个别代表因返程早未来得及领取的通讯录和合影以邮寄方式寄出。许多代表说,这次会议的会务工作周到细致、热情温馨。

讨 论

1. 会议服务有什么意义?
2. 会议服务包含哪些内容?

会议服务是指为会议的顺利召开所提供的一系列关于会场内、外的服务,这是保证会议顺利进行不可缺少的环节。从事会议服务的人员都要熟悉会议流程,并经过专业的培训,具有娴熟的专业技术与服务技能。会议服务的业务包罗万象,在掌握更为具体的服务工作之前,我们首先要明确的就是对于会议服务的认识,这其中包括了理解会议服务的概念、类型、作用和要求等。

第一节 会议服务的概念与类型

一、会议服务的概念

1. 什么是服务

服务是满足他人需要的活动,只有满足他人需要的活动才可能是服务。同时,它又是一种抽象的、无形的服务,不发生所有权的变化,即它是一种活动,能被他人所享受,但不能被占有。

2. 什么是会议服务

会议服务是指,为保障会议工作的召开和会议的顺利举行而进行的各种具体事务工作的总称。会议服务是常见的一种服务形式,属于会议工作中的一部分,是会议工作中事务性、服务性的工作。

会议服务的概念对应会议,也有狭义和广义之分。狭义的会议服务,是指为各类会议的实际会议进程安排所提供的服务,即会议正式进行过程中的服务。广义的会议服务,是指为与会议相关的各种内容的活动提供全方位的服务。会议服务就不仅仅是指会议中这一个方面,而是为与会议活动有关系的所有内容都要提供的服务,具体指的就是会议前、会议中和会议后三个方面的服务。例如,会议前要进行一系列的会议策划——确定会议议题、议程、拟发通知;会议前对会场外的布置等;会议中要组织报到、签到等工作。还有为与会议相关的各类活动提供的后勤保障服务,如清扫整理会场,为远道而来的与会者落实食宿行程、购买返程票、为与会者送行等。本书所述的会议服务,是从广义的角度来讲的,即会议服务指的是为各类会议提供全面、细致的所有与会议活动密切相关的各种事务性的服务。

二、会议服务的类型

根据会议服务具体内容的不同,会议服务可以分为以下几个方面。

1. 会议入场服务

会议入场服务是会议正式召开前和召开过程中的一系列的接待工作,主要涵盖了以下内容:会议开场前的必需工作,诸如接站、报到等;正式开会前的签到及会议中的引导等工作。

2. 会议主持及辅助主持

秘书从业人员有时会在会议中承担主持及辅助主持的角色,这就需要会议主持人具备专业能力、掌握会议主持及辅助主持的技巧。

3. 会议记录与会议简报

会议召开过程中需要写会议记录与会议简报,秘书人员需要了解二者的含义及其特点,从而学会这两种文书的结构及其写法。

4. 会议保障服务

会议保障服务就是为会议的正常、顺利地进行提供的一系列的保障,主要有会议的值班、会议的安全保卫两方面。

第二节 会议服务的作用与要求

一、会议服务的作用

1. 保障会议的圆满完成

会议遵从现实必要性和现实可行性相统一的原则,即客观上需要实现它并且在具备实现的基本条件上召开的,是有一定目的。会议服务就是要通过安全、满意的服务,确保会议的成功召开或各类活动的圆满举办。会议服务的好坏会直接影响会议的成败。试想,如果会议的接待工作不到位,会议期间的安排杂乱无章,安全卫生让人提心吊胆,这就难以达到会议预期的目的。

2. 为与会者提供优质的物质和精神服务

达到会议所期望的目的,这自然会是会议的首要任务。但在达到会议目的的同时,通过优质服务,让与会者在物质和精神方面得到满足,同时有助于提高会议效率,这是会议服务的一项重要任务。随着人们生活的提高,会议层次的提升与范围的扩大,对会议服务的质量提出了越来越高的要求。

3. 为会议组织方赢得美誉

会议服务的质量在一定程度上代表着会议举办单位或组织方,会议服务状态的好坏、服务质量的高低都是展示会议组织方形象的窗口,通过会议服务会给与会者留下良好的印象,无形中会树立会议组织方的形象,为会议组织方赢得美誉。

二、会议服务的要求

会议服务的要求主要体现在对会务人员的要求上。依据会议规模大小、性质等各个方面的不同,会议服务内容涉及会议各个方面,这就要求会务人员具有较高的专业素养和道德素质,一般包含以下几个方面。

1. 爱岗敬业和团结协作的精神

会议服务涉及各类事项千头万绪,稍有不慎就可能酿成无法补救的漏洞,这要求会务人员爱岗敬业,做事认真负责,服务到位。同时,做好会议服务工作还要树立全局观念,尤其是一个大型会议的组织,往往会涉及许多方面、诸多人员,这就需要会务人员同心协力,做好协调,以团结协作的精神处理会议中出现的各种问题。

2. 热情友好和细致耐心的服务意识

会务人员要用礼貌周全、热情友好的态度,真诚地为每一个与会者提供满意的服务,做到有求必应,让与会者感到他们容易接近,有亲和力。此外,由于会议所涉及的各项事务非常烦琐、庞杂,所以会务人员必须始终耐心、细致地为每一个与会者服务,尽量满足与会者的合理要求,从会议服务的每个细节入手,为与会者提供满意的服务。这就要求会务人员必须以恒心对待复杂事,以耐心对待琐碎事,以细心对待平常事,保证每一个环节都不会出现纰漏。

小贴士

> 热情友好应该是发自会务人员内心的真实反应,而不是简单地应付了事。

3. 良好的组织和交往能力

会务人员需要具有一定的组织能力,妥善协调各种关系,保证会议活动正常有序地进行。此外,会务人员还需要懂得与人交流的技巧,尤其是一些大型会议中有不同性格特点、不同文化背景的与会者,会务人员就要针对这些不同情况,为他们提供满意的服务。

4. 娴熟的会议服务技能和专业技术

娴熟的会议服务技能与专业技术是每一个会务人员必备的首要条件。专业素质指的是要具备有关会议组织各个程序的专业知识,如文书的拟写,会场布置,设施的安全操作、使用,会议接待和会议服务的专业知识,熟悉会议的每一个环节、每一项内容,才能为会议提供有效准确的服务。

第三节 本章小结

通过对会议服务的含义、作用及会务人员应具备的专业素质和道德要求,旨在让秘书人员熟悉会议服务的功能,掌握会务人员应具备的各方面专业能力与道德上的要求,从而应用于具体的会务工作。

第四节 习 题

一、基础知识题

1. 什么是会议服务?
2. 会议服务有哪些方面的内容?
3. 会议服务有什么作用?
4. 对会务人员的要求有哪些?

二、案例分析题

1. 阅读下面案例,回答问题。

一个雨天的下午,有位老妇人走进匹兹堡的一家百货公司,漫无目的地在商店内闲逛,很显然是一副不打算买东西的样子。大多数售货员只对她瞧上一眼,然后就自顾自地忙着整理货架上的商品。

这时,一位年轻的男店员看到了她,立刻微笑着上前,热情地向她打招呼,并很有礼貌地问她,是否有需要他服务的地方。这位老妇人对男店员说,她只是进来躲雨罢了,并不打算买任何东西。这位男店员安慰她说:"即便如此,我们仍然欢迎您的光临!"并主动和她聊天,以显示自己确实欢迎她。当老妇人离去时,这位男店员还送她到门口,微笑着替她把伞撑开。这位老妇人看着他那亲切、自然的笑容,不禁犹豫了片刻。她在年轻人的那双眼睛里读到了人世间的善良与友爱,于是老妇人向这位年轻人要了一张名片,然后告辞而去。

之后,这位男店员完全忘记了这件事。但是,有一天,他突然被百货公司老板召到办公室,老板告诉他,上次他接待的那位老妇人是美国钢铁大王卡耐基的母亲。老妇人给百货公司来信,特意指名让百货公司派这位男店员到英国,代表百货公司接下装潢一所豪宅的工作,交易金额数目巨大。公司老板祝贺年轻人:"你的微笑是最有魅力的微笑!"

——作者根据相关公开资料整理

请回答:

(1)如何理解"微笑是财富"这句话?
(2)联系材料,谈谈会务人员应具有什么样的服务意识。

2. 阅读下面案例，回答问题。

8月初的一天，韩笑出差到深圳参加一个学术论坛，入住深圳最繁华地段的一家豪华商务酒店。酒店内装饰温馨典雅，来这里的客人都是些尊贵儒雅的商界名流和政界显要，参加此次论坛的人员也都是来自世界各地的业界知名人士，大家都非常注意自己的仪表言行。

入住的当天下午，办完手续刚进房间，就有会议负责人约韩笑去见一些业界同行。韩笑急急忙忙洗了把脸，用面巾纸擦了几下就走出了房间，到楼下与会议负责人见面。在走廊上，一位客房服务员看见韩笑，热情地向他点头微笑并问好，之后，他刚想和韩笑说些什么，结果韩笑匆匆忙忙地走进了电梯。下了电梯，会议负责人就迎上来，看了一眼韩笑的脸之后，热情地跟他握手，然后要去给他引见新朋友。这时迎面朝韩笑走来一位穿制服的酒店管理人员，好像是专门来找他们的。同样热情地向他们点头微笑并问好，左手还有些不合时宜地擦了一把左脸，并顺势抚了一下本来就很平滑光亮的头发，同时两只眼睛带着微笑地看着韩笑。韩笑的心里咯噔一下，顿时明白了什么，趁大家不注意，他也顺势擦了一把左脸，并抚平了湿湿的有些上翘的头发。收回手的时候，韩笑发现手里有两块面巾纸片，他对这位酒店管理人员的感激之情油然而生。韩笑叹服酒店服务的信息传递和协作服务的技巧，服务的最高境界大概也就是这样吧，让一份感动悄无声息地滋润你的心田。

——作者根据相关公开资料整理

请回答：

（1）如何做好会议的协作服务？

（2）请你对案例中两位酒店服务人员的处理方法做评价。

3. 阅读下面案例，回答问题。

传说有人把右任先生写的"不可随处小便"重新组合装裱，于是就有了"小处不可随便"的典故。其实，"小处不可随便"是中国人自古以来的一条处世原则。古语道："战战栗栗，日谨一日。人莫踬于山，或踬于垤。"告诫人们时时提防被小土绊倒，这或许是"小处不可随便"的最古老的典故。

不光是中国，外国人也有差不多的观念。小处随便的人往往不受欢迎，在某些特殊的场合甚至会造成致命的后果。这方面最典型的例子大概是18世纪的法国公爵奥古斯丁。1786年，法国国王路易十六的王后玛丽·安东尼到巴黎戏剧院看戏，全体观众起立鼓掌。放荡不羁的奥古斯丁为了引起王后的注意，向王后吹了两声很响的口哨。当时吹口哨被视为严重的调戏行为，国王大怒，把奥古斯丁投入监狱。而奥古斯丁入狱后似乎就被大家遗忘了，既不对他审讯，也不对他判刑，就这么日复一日地关着。后因时局变化，也曾有过再次出狱的机会，但阴差阳错，终究还是无人问津。直到1836年老态龙钟的奥古斯丁才被释放，当时他已经72岁。两声口哨换来50年的牢狱之灾，实在是天大的代价。

——作者根据相关公开资料整理

请回答：

你是怎样理解"小处不可随便"这个问题的？

三、综合实训题

1. 请结合你的开会经历,谈一谈如何做好会议服务。
2. 请你为本校、本系或本班所开的会议撰写会议服务方面的经验与问题。

拓展阅读七

第八章 会议入场服务

学习目标

◆ 了解会议正式召开前的工作及其重要性
◆ 掌握会议报到登记表与签到表的制作
◆ 熟练掌握会议接站、报到、签到的工作流程
◆ 熟悉会议引导的要求

导引案例

文辉公司要举办一个新产品的推广发布会,邀请了各界人士参加,很多客户对这个新产品都很感兴趣,所以参加会议的人很多,公司特地租了一个大礼堂作为会场。总经理助理林丽对会议工作进行了最后的检查,因为会务组负责签到的李秘书是第一次参加这样的会议工作,林丽特别叮嘱李秘书明天一定要早点到会场,做好与会者的签到工作。

李秘书是新来公司不久的前台秘书,刚参加工作不长时间就参加这样的大型会议工作,他有点紧张。晚上下班以后,李秘书的大学同学又拉他去参加生日聚会,玩到很晚才回家。等他一觉睡醒,发现已经是早上8点了,李秘书赶紧简单收拾了一下,打出租车赶到公司,到公司以后发现已经有一群与会者在签到台前等着签到,林丽正在一边招呼与会者。看到李秘书,林丽马上要求他快给与会者签到,把会议资料和午餐券发给与会者。

林丽走后,李秘书马上把签到表、会议资料和午餐券拿到桌面上摆好。看到等候的与会者这么多,李秘书觉得自己边给与会者签到边发会议资料和午餐券太慢了,就让与会者自己在签到表上签到,签完到后到他这边领取会议资料和午餐券。这个办法的确很快,不一会儿,与会者都签完到,领了会议资料和午餐券进入会场。

等到会议正式开始后,李秘书开始进行清点核对,这才发现签到的人数与他发的资料和餐券数不符合,签到表上还有26个人没有签到,而他手里的会议资料和午餐券却都发光了。李秘书立即慌了,不知道这些人是领了资料没有签到,还是根本没来,让别人替领的资料。李秘书根本弄不清楚,想去核对一下,可是他不认识这些人,他该怎么向总经理汇报呢?李秘书不知所措了。

讨 论

1. 李秘书的签到工作有什么问题吗?
2. 如何做好会议的签到工作?

本节讲述会议正式开始前所要进行的具体工作,包括接站、报到、签到和引导四个方面。

第一节　会议接站与会议报到

一、会议接站

由于大型会议,特别是国际性会议的参会人数多,且与会者来自各个地区或各个国家,对会议举办地不熟悉,因此会务组要做好接站工作,具体包括以下几个方面。

1. 通过会议回执或电话联系,掌握与会者详细信息

这具体包括姓名、性别、职务及所在单位等,详细准确记录抵达具体时间、地点,不遗漏、不记错、不张冠李戴。

2. 根据与会者信息,确定接站的内容

例如,接站的规格,落实接站人、接站队伍,高规格的还需准备鲜花、横幅等,举行欢迎仪式。

3. 做好接站工具准备

接站工具准备主要是指接站用的接站牌或横幅,在会议规定的报到日期,在车站、码头、机场等主要交通站点,用醒目的牌子标明会议组织方名称或会议名称。接站牌/横幅要醒目,让与会者在交通站点能看见并清楚识别。此外,还需提前准备好车辆。

> **小贴士**
>
> 接站工作是会议组织方给与会者的第一印象,无论好坏,都是深刻的。而且接站工作会影响与会者在会议期间的情绪以及会议的质量。因此,会议的接站工作,一定要引起会议组织方的高度重视。

组织方在接到与会者后,要注意乘车座次礼仪。

(1) 小轿车。

① 组织方亲自驾车。这种情况下,双排五座轿车上除了驾驶座之外的其他的四个座位的座次顺序为:副驾驶座、后排右座、后排左座、后排中座。当只有一位乘客时,需要坐在副驾驶座上;若多人乘车,需要推举一人在副驾驶座上就座。

② 专职司机驾车。这种情况下,双排五座轿车上除了驾驶座位之外的其他的四个座位的座次顺序为:后排右座、后排左座、后排中座、副驾驶座。按惯例,在社交场合,副驾驶座位不宜安排妇女或儿童就座。而在公务活动中,副驾驶座,特别是双排五座轿车上的副驾驶座,则被称为"随员座",专供秘书、翻译、警卫、陪同等随从人员就座。

(2) 中型或大型轿车。中型或大型轿车,通常应以距离前门的远近来确定座次,离前门越近,座次越高;而在各排座位之上,则又讲究"右高左低"。简单来讲,座位顺序可以归纳为:由前而后,自右而左。

二、会议报到

报到是与会者到达会议活动所在地后办理的登记手续,主要作用在于掌握会议实际到会人数,便于会议管理。

1. 会议报到地点的要求

(1) 会议报到处。应设置在会议举办地的方便易找之处,并设置有指示标志,一般在大厅等比较宽敞的地方,便于与会者有序进入,又不影响其他人。

(2) 按工作流程安排报到各个环节的次序。包括填写登记表处、交会务费处、领取会议资料处、咨询处。

(3) 准备好与会者登记用的笔、纸、票据、电脑等工具。

(4) 给与会者提供休息的地方及暂时放置行李处。

(5) 大型会议可以多设几个会议登记桌,进行分组报到登记,以减少登记时的拥挤与等待时间。

2. 查验证件

查验证件时要检查与会者身份证、会议通知等有效证件以确定其参会资格。

3. 填写会议登记表

会议登记表内容的多少取决于会议组织方需要了解与会者信息的多少。通过会议登记表,会议组织方可以更好地了解和收集与会者信息,会议登记表一般包含以下项目:

① 报到序号;
② 姓名;
③ 性别;
④ 职务;
⑤ 所在单位名称,详细通讯地址(邮编、电话号码、传真号码);
⑥ 类别(出席、列席、旁听、嘉宾、媒体记者);
⑦ 登记日期。

具体形式如表 8-1 所示。

表 8-1　会议登记表

序号	姓名	性别	职务	单位名称	通讯地址	登记日期

4. 分发会议资料

会议中所需要的资料,秘书人员应在与会者报到时及时、准确地分发到每位与会者的手中。一般有下面两种分发形式。

（1）会前分发。即在与会者报到或进入会场时，由会务人员在会议报到处或会场入口处将会议和资料分发给每位与会者。一般会放在资料袋中，资料主要包含以下几个方面。

① 文具类。开会时做记录用的笔记本和笔。

② 票证类。会议证件、餐票。

③ 会议资料类。会议须知或要求，包括会议日程安排、会议编组、会议住宿房间及会议保障。

（2）会中分发。即在会中分发资料，可以将会务人员分派到各组，每人负责一组文件的分发，在会议开始时发到每位与会者手中。

需要提醒的是，在签到或者会中发放的会议资料不应该造成与会者阅读的负担。因为想要与会者一边仔细阅读材料一边认真跟进会议，几乎是不可能的。这样做的常见后果就是，或者延长了会议时间，或者降低了会议讨论效率。因此，就提高会议效率而言，提倡尽量在会前发放相关的会议资料，特殊情况除外；否则，应减少在签到，尤其是会中发放资料的概率。

无论采取哪个时间发放，如果资料本身牵涉到组织机密的话，秘书人员应该在发放之前用文件袋将其密封好，然后交予与会者。而对于会后要收退的文件资料，秘书人员必须提前在资料袋的封面或者文件资料的首页上盖戳予以标注和提醒，以防止发生文件资料的损坏和丢失的情况。

5. 预收费用

有些会议需要与会者支付一定费用，在报到时应安排财会人员现场预收并开清收据。

6. 安排与会者住宿

在提前安排好与会者住宿的基础上，报到时与会者如有特殊需要，在现有条件下应尽可能合理满足。会务人员将住宿房间钥匙交给与会者，必要时，应引导与会者去其住宿房间。

第二节　会议签到与会议引导

一、会议签到

组织与会者签到是会议正式进行中的第一件事，其目的是为了及时、准确地统计与会人数。尤其是对于一些有选举或表决内容的法定性会议而言，只有达到一定参会人数才能召开，否则会议通过决议无效。因此，会议签到是一项很重要的会议中的服务，会务人员要认真负责地做好签到工作，采用何种签到形式要根据会议的规模、种类、性质等来定。会议常见的签到形式有下列几种方式。

1. 会务人员代为签到

会务人员代为签到的方式，是指秘书人员事先制定好参加会议的与会者名单，在与会者的姓名后面用特定的符号标示，以示到会情况。如用"√"表示到会，"×"表示缺席，"○"表示请假。这种签到方式一般适用于小型会议或单位内部会议，因为秘书人员需要知道与会者的姓名，如表8-2所示。

表 8-2 会议签到表

会议名称			
时间	年　月　日　时　分		
地点			
出席单位及姓名		出席单位及姓名	
姓　名	签到	姓　名	签到
李明	√	李刚	○
王丽	√	苗伟	√
于非	×	黄杨	√

2. 座位表签到

座位表签到是指会务人员事先制定座次表,座次表上每个座位填上与会者姓名和座位号码。当参加会议的人员到会时,就在座次表上销号,表示出席。印制座次表时,与会者座次安排要求有一定规律,如从×号到××号是某部门代表座位,将同一部门的与会者集中在一起,便于与会者查找自己的座位号。采用此方法,与会者在签到时就知道了自己的座位号,起到了引导的效果,如表 8-3 所示。

表 8-3 座位表签到

会议时间:				
会议地点:				
排号	第一排			
座位号	1号	2号	3号	4号
单位及姓名	李明	王丽	于非	田苗
签到	李明	王丽		
排号	第二排			
座位号	1号	2号	3号	4号
单位及姓名	李刚	苗伟	黄杨	王泽
签到	李刚	苗伟	黄杨	

3. 簿册式签到

簿册式签到,是指秘书人员事先准备好签到簿或签到册,与会者参会时要按要求签署自己的名字,以示到会。签到簿上的内容一般包括姓名、职务、单位等信息,与会者逐项填写。这种签到方法便于保存,易于查找,适用于小型会议;对于大型会议,当人数较多时,会出现拥挤现象,影响入会速度,导致会议无法按时进行。

4. 电子签到

电子签到采用先进的手段,将与会者的有关信息事先放置在卡片中,与会者进入会场时只要把事先制作好的卡片放到签到机前面,签到机就会将与会者的信息传到会议服务中心,统计到会情况。电子签到具有快捷、方便的特点,适用于大型会议的签到工作。

签到工作结束后,负责会议签到的工作人员应及时将与会者到会情况报告给会议的主持人,以便让会议主持人心中有数,有效地主持会议。

签到时要注意以下事项。

(1) 认真准备。要求会前要将有关签到工具、设备准备好。用簿册式签到,要事前准备好签到簿;电子签到,则要准备好签到机,并要经过测试,避免在签到现场出现故障。

(2) 有序组织。要事先安排好签到处,安排会务人员等候。如果签到时同时发放文件,则要特别注意将有关资料放入资料袋中,避免代表签到时等候,显得手忙脚乱。

(3) 及时统计。要求组织签到时,要以最快的速度统计出到会人数和缺席人数,并迅速报告大会主席或会议主持人。

> **小贴士**
>
> 报到和签到都是与会者到达会场时应办理的手续,会期较短的会议,一般只办理签到手续;但会期较长、会议活动内容较多需要集中接待的会议,就需要二者同时办理。报到,是指与会者在到达会议举办地时所办理的登记注册手续,但不表明其将出席或参加每一次会议和活动;签到则是指与会者在每一次会议或活动的签到簿上签名,表明他出席了这次会议。

二、会议引导

引导,是指会议期间工作人员为与会者指引会场、座位、路线、方向、具体位置、交通条件等提供的服务。引导虽看似小事,但能给与会者提供许多方便。引导服务贯穿于整个会议期间,要注意相应的礼仪规范。

1. 对会议引导人员的要求

(1) 站位。会议开始前30分钟,引导人员要统一着装,仪表整洁入岗;精神饱满、热情礼貌地站在会议厅(室)的入口处迎接与会者。对于会议在酒店举行的,如果与会者是住在本酒店的,只需在会议室入口处设迎宾员;如果与会者不在此住宿,还应在本店大厅门口处设迎宾员欢迎宾客,并为客人引路。宾客到来时,引导人员一般在各走廊口的一侧站位,面向与会者。此外,引导人员还要配合会务人员的工作,请宾客签到、发放资料、引领宾客就坐等。

(2) 指路。引导人员右手抬起,四指并拢,拇指与其余四指自然分开,手心向着客人,示意所指方向时说"请这边走"或"请那边走"。

(3) 引座。引导人员要熟悉会场内区域座号,主动为与会者引座,做到准确无误,主动搀扶和照顾年老体弱者入座、站立、投票、上厕所等。

（4）会议休息或休会时，按规范要求站到自己的岗位上，照顾与会者出入或退场。

2. 不同场合的引导礼仪

（1）走廊引导礼仪。引导人员应该走在客人的左前方，通常在左前方2～3步。客人在右后方，符合以右为尊的礼仪惯例。

（2）楼梯引导礼仪。楼梯的引导要区分上下楼。引导人员在引导客人上楼时，应该让客人走在前面，引导人员走在后面；若是下楼，引导人员应该走在前面，客人在后面。上下楼梯时，引导人员应该注意客人的安全。

（3）电梯引导礼仪。电梯的引导要看电梯是否有人控制、有没有专门的礼仪人员。出入无人控制的电梯时，引导人员要先入后出，以便操纵电梯。出入有人控制的电梯时，引导人员则要后入后出，请与会者先行，以表示对对方的礼貌。

（4）进入会场的引导礼仪。会场的引导要看门是外开还是内开。如果门是向外打开的，引导人员应该一手开门，一手做出请的姿势，让与会者先进；如果门是内开的，引导人员应该先进门，然后再请与会者进入会场。

> **小贴士**
>
> 选择会议礼仪服务人员：一是从组织内部的员工中选择，要选择有经验、素质好、气质佳的人员。二是聘请专业礼仪公司或礼仪人士承担会议主要的礼仪服务。如果专业公司和人员有丰富的经验和专业知识，则服务的质量会比较高。

第三节　本章小结

通过对会议正式召开前的接站、报到、签到、会中引导工作的阐述，使会务人员明确这些工作的作用及要求，从而应用于具体的会议服务工作。

第四节　习　题

一、基础知识题

1. 会议接站有何要求？
2. 小型轿车接站有何座次礼仪？
3. 什么是会议报到？
4. 会议报到时需要与会者填写的会议登记表一般包含哪些内容？
5. 大型会议对于会议报到地点有何要求？
6. 会议签到有哪些类型？

7. 如何做好签到工作？
8. 会议报到与会议签到有何区别？
9. 会议引导包含哪些方面内容？
10. 对于会议引导者的要求有哪些？

二、案例分析题

1. 阅读下面案例，回答问题。

最近一段时间，由于国内民众的投资意识增强，投资热情高涨，因此春天公司这次承办的"投资研讨会"备受关注，参加会议的单位和人员很多。他们来自全国各地、各个行业，因此，会议接站工作的任务很重，而张秘书负责的正是这次"投资研讨会"的接站工作。

张秘书很早就已经开始准备了，按照与会者乘坐的不同交通工具，她将站路线分为两条，一条是火车站到会场的路线，一条是飞机场到会场的路线。然后，张秘书再根据会议通知回执中与会者到会的车次、班次和时间，详细列出一个接站名单，交给现场接待人员每人一份，请他们注意接站信息，不要错过接站。同时，每条终线派出3辆中型面包车，保证有足够的车辆运送与会者到会场报到。考虑到这次与会者非常多，接待人员不可能对每位与会者逐个接站，就在火车站和飞机场分别设了一个会议接待处，挂了一条醒目的"××投资研讨会接待处"的横幅，让与会者一出站就能一眼看到。为了方便轮换吃饭，每个接待处配备了两名接待人员。当与会者到达时，一名接待人员引导与会者上车，但是不跟车去会场，而另一名接待人员留在接待处继续等候其他与会者，这样就不会造成接待处没人接待的情况。

张秘书还一再叮嘱接站的司机开车不要太快，不要赶时间，注意交通安全，把与会者安全送到会场才是最重要的。然后，张秘书还要求司机注意接待的礼貌，以树立公司形象。

在会议报到的第三天，大多与会者已经到会，只有少数的人还在途中。张秘书决定撤回接待人员和车辆，改为派人随时接站。这几天，大家都很辛苦，张秘书安排接待人员轮流休息。

就这样，到第三天晚上，在张秘书周到的安排下，所有与会者都安全地到会了。

——作者根据相关公开资料整理

请回答：
（1）张秘书的接站工作做得怎么样？
（2）秘书人员在设立车站或机场的接待站时应该注意哪些问题？

2. 阅读下面案例，回答问题。

××省××市召开一个经验交流会议，会议通知第一天下午报到，第二天召开会议。负责接待的会务人员想，参加会议的人路途都比较远，他们不可能来得太早，下午2点上班再去迎接就可以。结果，有路远的与会者怕来晚了，很早就出发，刚过中午12点就到了报到地点。他们到了酒店后没有人接待，也无法办入住，只好待在大厅里。这些与会者把电话打给负责接待的会务人员，会务人员得知消息后匆忙赶过去，看到提前到达的与会者们不太愉快的脸色，心中很不是滋味。

——作者根据相关公开资料整理

请回答：

以此案例为出发点,你认为应该如何做好会议签到工作?

三、综合实训题

1. 回顾你刚刚参加过的一次会议,谈谈会议签到工作组织得如何。
2. 利用你下次开会的机会,做好会议签到服务。
3. 请你为本校、本系或本班所开的会议制作会议签到表。

拓展阅读八

第九章 会议主持及辅助主持

学习目标

- ◆ 了解会议主持人需要具备的能力，会议发言人和与会者的礼仪要求
- ◆ 理解会议中各项工作中秘书人员的角色和身份
- ◆ 掌握会议主持的技巧
- ◆ 熟悉会议决议形成的方法

导引案例

如何保证会议按计划进行

文辉公司要进行一项工资改革，计划草案出台后，下达到了各个部门。然而反馈回来的意见五花八门，现在只有研发部的意见还没有反馈上来，根据工作安排，下周一下午2点研发部要在第一会议室进行讨论，总经理就让李秘书去列席一下会议，听一听到底有哪些方面的意见，回来向他汇报。

周一下午李秘书提前10分钟到达会议室，在参加会议之前他已经给研发部的高经理打了声招呼。下午两点，会议准时开始。高经理简单介绍了一下工资改革计划草案的内容，然后请大家发言。大家看见李秘书在座，没有人说话，场面一时冷清。李秘书一看，就知道大家有顾虑，马上说："我今天只是列席会议，来了解一下研发部对公司工资改革方案的看法，所做的记录，不针对具体个人，所以大家不要有什么顾虑。况且工资改革关系到每个人的切身利益，大家还是应该把内心真实的想法说出来，总经理给我的任务就是听取大家的真实看法，以便对草案进行修改；否则公司怎么知道大家真实的需要呢？"听了李秘书的一番解释，与会者开始你一言我一语地发起言来，会场气氛逐渐热烈起来。李秘书专注地看着每一位发言的人，认真地倾听着，同时还做好记录。

会议进行到后半段时，讨论的焦点集中在小王和小赵之间的争论上。他们两个一个认为技术研发人员的工资太低，一个认为行政后勤人员的工资应该提高。他们唇枪舌剑，互不相让，争论得很激烈，其他人也参与其中一方与另一方争论不休。

李秘书一看，情况也了解得差不多了，现在会场争论得这么厉害，就向高经理小声建议说："高经理，你看讨论了这么久，大家都辛苦了，要不会议就进行到这吧。"高经理也认为会议已经进行很长时间了，大家的意见都已经表达得很清楚，于是结束了会议。

会后，李秘书回到办公室整理了一下记录，把研发部职员的意见归纳为几条向总经理作

了汇报。总经理认为李秘书提供的情况对进一步修改工资改革方案有很重要的参考价值。

讨　论

1. 你认为李秘书在整个列席会议期间表现得恰当吗？为什么？
2. 秘书人员在主持会议时应该注意什么问题？
3. 秘书应该采取哪些措施来保证会议按计划进行？

本章所讨论的工作环节都发生在会议室内，从秘书人员提前进入预订好的会议室做最后的会前准备，直到所有的与会者都离开会场，会场关闭为止。对于秘书人员来说，不但要操办具体的会议事务，在此过程中有时还要充当主持人组织会议，或者陪伴，或者代表领导、单位出席各种会议，必要时，还要在会上发言。无论哪种情况，都要求秘书人员掌握一定的主持技巧。

第一节　会议主持技巧

一、主持人需具备的能力

主持人是会议的主角，他能否对会议进行有效的组织和控制，并促使与会者齐心协力使会议达到既定目标，对会议成功与否，有着重要的作用。而且主持人在会议上的礼仪表现，是有效组织和控制会议的重要组成部分。

1. 仪表大方，举止得体

主持人应衣着整洁，庄重大方，精神饱满。切忌不修边幅，衣不得体。在走上主席台时，主持人应挺胸抬头，步伐稳健有力，并配合会议的性质控制行走的速度。通常情况下，一般的纪念、悼念性会议，主持人的步频、步幅要小一些；欢快、热烈的会议，主持人的步频、步幅则可放大些。步入主持的过程中，主持人不要与熟人打招呼。

站立主持时，主持人应双腿并拢，腰背挺直。单手持稿时，主持人右手放在稿子的中下部，左手五指并拢自然下垂；双手持稿时，主持人两手应与胸齐平。坐姿主持时，主持身体应挺直，双臂自然前伸，两手轻放于桌沿。主持过程中，主持人切忌出现搔头、揉眼、抱腿等不雅动作。主持人与发言者不同，一般不需要手势。在一些小型的会议进行总结概括中，主持人可以适当辅以手势，但动作不宜过大。

2. 思维敏捷，表达清晰

主持会议是通过语言表述来进行的，因此，主持人的语言风格，语言礼仪规范对会议起着至关重要的作用。

（1）主持人所有的言谈都要与会议的内容和气氛协调，或庄重，或幽默。

（2）主持人需要思维敏捷，积极启发，活跃气氛，引导会议向前进展。主持人一定要根据会议的目的、性质而进行不同的语言引导，最终控制、引导会议的进展。比如，在主持记者招待会时，主持人面对记者的提问，反应要敏锐，语言要流利，不能支支吾吾、吞吞吐吐。在遇到冷场时,要善于启发和激励思维敏捷、外向型的人争先发言。

(3) 尊重不同的意见,把握好引导的语言和语气。在会议进行中,主持人对持不同意见的人,应允许其充分发表意见。主持人要处处尊重他人的发言和提问,不能以任何动作、表情和语言来阻止他人,或者表示不满。主持人要用平静、缓和的口气,准确的言语来阐述正确主张,使人心服口服。

3. 把握进程,调控适当

主持人对会议的调适控制,主要体现在下面三个方面:

(1) 把握会议时间。一般来说,要准时开始会议,这是对准时到会者的尊重。如果出现特殊情况,主持人应向他们予以道歉并诚意地解释。同时,主持人要严格执行每项议程的时间规定,必要时要巧妙妥善地提醒发言人注意其发言时间与发言内容;会议休息时间一过,不管与会者是否都已回到会场,会议都应准时重新开始。

(2) 控制会议讨论。会议讨论不管是内容还是形式,都是相对自由的,但作为会议主持人,却必须要通过有效的引导,让它得到有效的控制。一方面,让讨论紧紧围绕会议的宗旨和相应的议题进行,不能让讨论漫无边际地"泛滥"下去;另一方面,避免诸如争论,甚至争吵等不利于和谐自由讨论的因素出现。当会议出现争端时,主持人要以客观公正的态度充当调停人,通过协调、休会等方式,有效缓解矛盾。

(3) 调节会议气氛。不同性质的会议,或庄重,或幽默,或沉稳,或活泼……因此,主持人还应根据会议的性质,通过自己的努力,调节会议气氛,为会议各项议程的顺利进行营造一种民主的,能让人畅所欲言、各抒己见的良好氛围。

小贴士

会议主持人会前自查内容如下:
1. 会议目的是否明确?
2. 会议程序是否确定?
3. 会议是否有助于你制定决策?
4. 与会者是否积极参与讨论?
5. 与会者是否能畅所欲言,充分发表自己的意见?
6. 你是否表现出过分自信的态度或盛气凌人的作风?
7. 时间控制得是否适当?
8. 你是否可以和与会者进行有效的交流?你是否提出问题,或做出假设,或倾听阐述,或澄清问题,或做出总结?
9. 你是否注意到个别人有意进行漫无边际的阐述?
10. 你是否有效地控制了会议朝着实现总目标的方向发展?
11. 作为主持人,你必须改变哪些行为,才能使你的表现更具有效性或能对会议产生更加积极的影响?

二、主持及辅助主持会议

正式进入议事阶段后,秘书人员担当主持人或辅助会议主持时应做好以下几项工作:

1. 会议正式议事前

(1) 按时开会。这是树立主持人权威的第一步。
(2) 清晰地陈述会议的目的。可以使与会者明确会议方向。
(3) 简要介绍会议的议题。可以帮助大家再次整理思路。
(4) 重申会议制度。可以为大家建立会议上的行为准则。

小贴士

> 从会议一开始就进入主持的状态会使会议进行得更加顺利。

2. 会议正式召开过程中

(1) 确保会议始终围绕议题进行。主持人的一项重要职责就是,保证会议始终在会议议程所规定的轨道上进行,所有的讨论都应该围绕议题展开。主持人可以及时地总结大家的发言,进行阶段性的小结;也可以告知大家目前的进度,如已经讨论了哪些议题,接下来要讨论哪个议题等。此外,需要将已经离题的讨论拉回来。

为了避免出现在会议中出现偏离会议主题的情况,秘书人员有必要在会前收集与会者对会议目标的反馈,摸清他们对会议议题的态度和意见,并向主持人进行汇报。以便主持人对会场状况有充分的准备,确保会议按预期进行并获得成果。

小贴士

> 时刻注意提醒自己作为主持人的责任会帮助你有效主持会议。

(2) 确保每位与会者都受到重视。会议上最糟糕的事情就是,与会者感觉到自己实际上像是在"陪会",被排除在外,没有人关心他的意见和想法。这会阻碍与会者认同会议最终的决议。当然,那些不愿意发表自己意见的人,也会对会议的最终效果产生影响。因此,会议主持人有必要让每位与会者都得到发言机会,而且他的发言能被大家认真倾听和反馈。为了做到这一点,秘书人员有必要在会前提示主持人个别与会者的特点,以及他们彼此之间的工作关系。

除此而外,为了让所有的与会者参与会议的讨论,主持人还需要掌握以下技巧:

① 点名让内向的或者习惯沉默的人发言。这些人如果没有推动力一般是不会主动提出看法的。

② 提醒发言人注意发言时间。如不加控制,很容易就挤占了他人的宝贵发言机会。

③ 必须有效制止随意断他人发言的人行为。这些不礼貌的行为会影响其他与会者表达意见的积极性。

④ 如果部门主管和自己的下级都在会场上,那么让下级先发言,最后才是部门主管。这样能保证部门主管听到下级的真实想法。否则下级会受到部门主管发言的影响,只会重复部门主管的想法。

⑤ 对与会者的发言做提问和肯定。每个人都需要赞美,这是最明确的重视和鼓励,也是每个人都能明确感知到的被尊重的讯号。

⑥ 保证所有发言的人,都能不被打扰地、完整地把自己想表达的意见说完。这是对他们最好的尊重。

⑦ 对发言做出反馈,而不是打击。这实际上是在鼓励发言者。

⑧ 控制自己的发言时间,不要让会议成为主持人的一言堂。

特别需要注意的是,主持人必须要时刻注意自己对会议的参与度,一定不能让与会者感觉到你企图控制整个会议的局面,而应让所有人处于一个放松的发言氛围中。

小贴士

> 需要记住的是,在会议中沉默就是怠工。

(3) 维护主持人的权威。主持人的权威就在于他有责任和权力维护会议的正常秩序,使会议得到结论。如果有人进行与此违背的活动,则主持人应当机立断地显示自己的权威:

① 有的与会者讨论偏离会议议题的话题。主持人可以请他解释其言论与会议议题的关系,或者在会议休息时由秘书人员或者自己去跟他做个别沟通。

② 有的与会者在下面窃窃私语,开"小会"。主持人需要马上制止这种情况,对于这些人,秘书人员最好是在会前对主持人做必要的提醒。

③ 对他人进行人身攻击。这也是会议讨论中常常出现的场面,对于这种局面,主持人必须立即阻止;否则,会议将失控。

需要特别注意的是,在阻止会场上的不当行为时,主持人应该讲究技巧,尽量维护与会者的尊严和自信,并让对方感受到主持人是在维护会议议程本身而不是对他持有个人意见。此外,主持人绝对不可以和与会者发生正面冲突。一旦如此,会场局面将难以收拾,会议可能因此中断。即使会议勉强继续下去,也会极大地降低会议的效率,也绝对不可能达成会议目标。主持人在这方面应该始终保持警惕,密切关注所有人的行动指向,尽己所能进行事前预防和及时地补救。

3. 会议议事后

(1) 对会议进行总结。可以帮助大家理清他们不太明白的地方。

(2) 把会上所涉及的重点内容记录下来。不是写一份会议纪要,是提醒记录员记录会上和会后的关键的事情。

第二节　选择及决定会议决议的方法

一、选择会议决议的方法

主持人可以选择以下方法来促进会议决议的达成。

1. 自由讨论

自由讨论是最典型的会议讨论方法,大多数会议采取这种自由讨论的形式,以做出一个决定来结束会议。但是因为这种形式是非程式化的,讨论通常会持续很长时间,有强势性格的人通常会控制会议,其他参加者通常迫于群体压力而摇摆不定,最后也想不出什么好办法。

2. 小型团队

在一个更小的群体中,人们往往会更加自由和放松地进行讨论,因为小群体的氛围相对来说没有那么紧张,所以没有人会有局促不安感。在各小组讨论之后,每一个小组都要向全体与会者提供一份书面或者口头的总结,把这些总结作为团队讨论的基础。

3. 头脑风暴法

头脑风暴法又称智力激励法、BS法,由现代创造学奠基人美国奥斯本提出,是一种创造能力的集体训练法。

头脑风暴法原指精神病患者头脑中短时间出现的思维紊乱现象,病人会产生大量的胡思乱想。奥斯本借用这个概念来比喻当人们的思维高度活跃、打破常规的思维方式时,而产生的大量创造性设想的状况。头脑风暴法的具体实施步骤如下:

(1) 确定议题。一个好的头脑风暴法是从对问题的准确阐明开始的。因此,必须在会前确定一个目标,使与会者明确通过这次会议需要解决什么问题,同时不要限制可能的解决方案。一般而言,比较具体的议题能使与会者较快产生设想,主持人也较容易掌握;比较抽象和宏观的议题引发设想的时间较长,但设想的创造性也可能较强。

(2) 会前准备。为了使头脑风暴畅谈会的效率更高,效果更好,主持人可在会前做一些准备工作。例如,主持人可以收集一些资料预先给大家参考,以便与会者了解与议题有关的背景材料和外界动态。就与会者而言,在开会之前,对于要解决的问题一定要有所了解。会场可做适当布置,座位排成圆环形的环境往往比教室式的环境更为有利。此外,在头脑风暴会正式开始前还可以给大家出一些创造力的测验题,以便活跃气氛,促进思维。

(3) 自由畅谈。与会者不应该受任何条条框框的限制,放松思想,让思维自由驰骋,从不同角度、不同层次、不同方位,大胆地展开想象,尽可能地标新立异,与众不同,提出独创性的想法。

(4) 延迟评判。头脑风暴,必须坚持当场不对任何设想做出评价的原则。既不能肯定某个设想,又不能否定某个设想,也不能对某个设想发表评论性的意见。一切评价和判断都要延迟到会议结束以后才能进行,这样做一方面是为了防止评价约束与会者的积极思维,破坏自由畅谈的有利气氛;另一方面是为了先集中精力开发大家的设想,避免把应该在后面阶段做的工作提前进行,影响创造性设想的大量产生。

(5) 评估观点。当所有与会者都提出了他们的观点之后,会议主持人就需要对与会者的观点进行评估。评估与会者观点的目的是剔除相似的和不实际的观点,然后会议主持人将筛选后的观点按优先次序罗列出来,再加以取舍。

4. 名义小组法

名义小组法是头脑风暴法的高度结构化形式,它能够保证每一位与会者都能参与其中而且没有一个人会控制整个会议。名义小组法的具体实施步骤如下:

(1) 罗列观点。会议开始前,与会者用书面形式将他们个人的想法分别列出来。

(2) 记录。会议协调人不分先后顺序地在题板上或黑板上记下每个人的想法。

(3) 筛选观点。当所有人都提出自己的观点之后,会议主持人需要再给与会者一次独立思考的机会,分别思考会议中提出的所有观点,让每位与会者从所有的观点中挑出 5 个到 10 个最好的观点,并将其按优先次序进行排列。

(4) 得出决议。会议主持人将筛选后的观点按优先次序进行排列后,就可以根据大家选择的集中程度确定最后的观点,即得出会议决议。

5. 德菲尔法

德菲尔法(Delphi Technique),即函询调查法,是一种匿名的专家问卷调查法。选择数位专家,设计出卷,寄出问卷,回收整理相同意见的部分,不同意见的部分再次设计并寄出问卷,如此反复多次直到所有人的意见一致为止。德菲尔法的具体实施步骤如下:

(1) 设计并分发问卷。首先要设计出与会议主题相关的问卷,然后将问卷发给与这一主题相关的与会者,请其独立、不记名地作答。

(2) 初步处理问卷。会议组织方将调查问卷收回,并做初步处理,将其中一致的意见集中起来,排除个别和极特别的意见,将这些意见汇总后,设计出第二轮调查问卷。

(3) 进行第二轮调查。会议组织方把第一轮调查汇总的调查问卷再寄给每一位相关的与会者,并向他们提供参考资料,要求他们根据新的调查问卷和新的信息再次做出新的判断,提出更加明确的意见。

(4) 进行第三轮调查。会议主持人将第二轮调查的意见进行整理,汇总成新的调查问卷,再反馈给每位相关的与会者,进行第三轮调查。

(5) 进行第四轮调查。在前三轮调查的基础上,每位相关的与会者对各种意见做最后的评价,并提出自己最终的意见及依据。

(6) 分析整理回收的调查材料。会议主持人分析整合回收的前四轮调查问卷中的材料。若此时意见比较一致,就可以结束调查;若意见仍不集中,则继续进行调查,如此反复多次,直到取得满意的一致意见为止。

二、决定会议决议的方法

1. 权威式决定

会议决议几乎由会议中最具有权威的人决定,其他与会者对于产生决议的贡献是有限的。权威式决定可迅速达到使会议得出决议的目的;但它的缺点是与会者对得出的会议决议贡献有限,因此往往影响会议决议的质量。

2. 少数服从多数式决定

少数服从多数式决定应用起来很简单,即采用投票表决等方式,过半数的决议即为通过。这种方式以与会者意见为最终决议,可以提高与会者的参与度,但是也可能形成"多数人的决议",减缓讨论进程。

3. 强势少数式决定

强势少数式决定在会中的讨论过程是由少数人主导的,他们能提出来源可靠的资料支持自己所提出的观点,并说服其他人支持这种观点。这种方式的优点是,经过周密计划的方案可以让其他成员接受;缺点是观点未必能得到详细的讨论。

4. 无异议一致通过式决定

无异议一致通过式决定要求将所有的与会者都同意的结论作为决议。这种方式的优点是可以确保所有与会者了解并同意所通过的决议;缺点是耗费时间,有可能因其追求结论的全面性和一致性而无法达成决议。

第三节 本章小结

本章关注的是会议从正式开始到结束这个过程中,作为主持人如何有效地主持会议,主要包含以下几个方面:会议主持人应具备的能力;主持人在会议正式议事前、会议正式召开过程中及会议议事后要掌握的技巧;会议过程中选择及决定会议决议的方法,会议主持人在此过程中需明确会议目标,充分发挥引导、协调和与他人交流的作用,以实现会议的预期目标。

第四节 习 题

一、基础知识题

1. 会议主持人需要具备哪些能力?
2. 会议开始时主持人应注意哪些方面?
3. 会议主持人如何确保会议始终围绕议题进行?
4. 会议主持人如何确保每位与会者都受到重视?
5. 开会过程中如何维护会议主持人的权威?
6. 选择会议决议的方法有哪些?
7. 什么是头脑风暴法?
8. 什么是德菲尔法?

二、案例分析题

1. 阅读下面案例,回答问题。

美国某知名主持人采访一名小孩,问他:"你长大后想要干什么呀?"小孩天真地说:"嗯,我要当飞机驾驶员!"主持人接着问:"如果有一天,你的飞机飞到太平洋上空所有引擎都熄火了,你会怎么办?"小孩想了想说:"我会先告诉坐在飞机上的人系好安全带,然后我挂上我的降落伞跳出去。"当在演播现场的观众笑的东倒西歪时,主持人继续注视着这名孩子,想看他是不是个自作聪明的家伙。没想到,接着孩子的两行热泪夺眶而出。

于是主持人问他说:"为什么要这么做?"小孩的答案透露出一个孩子真挚的想法:"我要去拿燃料,我还要回来!我还要回来!"这时,人们不笑了,才明白了他说话的真正意思,并为之而感动。

请回答:

(1) 在这个案例中,主持人哪些方面做得比较好?哪些方面是值得你学习的?

(2) 在"听"的过程中,应该注意哪些问题?

2. 阅读下面案例,回答问题。

钱学森是享誉世界的科学家。在人们心目中,他可能就是一个神话。但他善说"错话",更令人敬佩,耐人寻味。

1955年10月,钱学森满怀报国理想,冲破重重阻力回到祖国。1956年1月,他被任命为中国科学院力学研究所所长。上任后,钱学森全身心投入工作,但困难重重,他知道仅靠一个人的能力干不出什么成绩,只有集中大家智慧,群策群力才能攻坚克难。因此,钱学森就组织大家开会讨论,以期找到破解问题的最佳途径。但因为他的名气太大了,加上又是领导,以致每次开会研讨,大家都以他说的为准,不提任何反对意见。钱学森想这样下去肯定不行。为打破这一僵局,他在一次开会中说:"我上个月,到农村去了一趟,帮助一个农民上树去摘土豆……"他故意把话说错,当场就有人站起来发言:"钱所长,您恐怕讲得不对吧?土豆是长在地下的,怎么跑到树上去了?"听到终于有人反驳了,钱学森说:"谢谢大家!总算有不同意见了。"大家这才恍然大悟。从此,会议气氛活跃了,大家也敢向钱学森提不同意见了。

——作者根据相关公开资料整理

请回答:

(1) 在这个案例中,钱学森的"错话"对你有何启示?

(2) 在主持会议的过程中,主持人应该注意哪些问题?

3. 阅读下面案例,回答问题。

在一次部门工作会议上,财务部门主管和营销部门主管因为对一件小事的不同理解发生了激烈争吵,一时谁也说服不了谁,结果影响了会议的正常进行。本来这事与秘书韩笑无关,但韩笑对这件事恰好比较了解,知道他们两人都有失偏颇,并且他也知道如果自己此时介入很容易引起双方的不满。但是为了缓解矛盾,帮助会议顺利进行,休会时,韩笑还是分别向两位主管介绍了该项工作的利弊,并揽下责任自我检讨,说是自己忘了告诉他们二位。事后,两位主管意识到了自己的不足,顺利达成了共识,之后会议和工作迅速展开。

请回答：

（1）会议中间，因为部门利益发生争执是非常常见的局面，而且与会者多半都难以跳出从自身部门利益来考虑问题的局限。这种情况下，作为秘书人员应该怎样做才是更好地为会议服务？

（2）你能从上面的案例中获得什么启发？

（3）除了案例中韩笑的这种做法外，对于这样的事件，你是否有自己的处理办法？

4. 阅读下面案例，回答问题。

某公司召开新年庆祝会，主持人穿了一件花格子衬衫，五粒纽扣只扣了三粒，讲话喋喋不休，邀请的领导和嘉宾各讲了一个小时，他的介绍语却分别讲了一刻钟。主席台上就座的嘉宾和台下的与会者，有的在打瞌睡，有的在交头接耳，有的在抠指甲，甚至有人在织毛衣。

请回答：

请你依据有关会议要求，评价并分析此次庆祝会是否成功？

5. 阅读下面案例，回答问题。

田苗是某公司总裁办的秘书，毕业不到半年，工作积极，也善于动脑筋。这天总裁办开会，讨论部门年底之前的工作安排。当轮到田苗发言时，他直截了当地说："刚才听了主任的发言，我不同意他的结论。我到几家大商场调查过，我的调查结果与主任说的有很大的差距。"说完，田苗拿出了一连串数据，本来以为同事们都会点头称是，可结果是根本没有人理睬他。田苗心里很难过，心里自忖：为了这次讨论，我从上个星期就开始做准备，并不是信口开河、无的放矢，可是为什么大家对我的观点毫无反应呢？

请回答：

（1）你认为田苗的这次发言究竟有什么问题？

（2）无论是作为主持人还是与会者，秘书人员都要注意自己的身份，注意在会议中肩负的责任，维护会议良好的讨论氛围。从这个角度出发，你认为田苗怎样做才是合适的，才能够得到他期望的回应呢？

（3）从本案例来看，你认为维护良好的会议氛围，除了本章所讲到的途径之外，还应该注意哪些方面的问题？

6. 阅读下面材料，回答问题。

在会议沟通过程中，如何控制与会者的压力让其保持在一个适当的水平，从而避免不必要的过度压力呢？实际上，中国人的性格障碍是压力的构成因素之一：

中国人的性格总体上偏于内向。在开会讨论的时候，不愿意主动发表意见。虽然主持人可能会事先要求与会者踊跃发言，但是会议真正开始以后，却时常出现冷场的局面。这更加降低了与会者发言的欲望，甚至有很多人觉得在众目睽睽之下讲话"有点傻"，会被人认为是出风头，招惹是非。

有些人有一种做"狙击手"的心态和习惯，俗语"枪打出头鸟"说的就是这个道理。开会的时候自己不说话，只等他人提出一些想法以后，就开始评头论足。这样做不但严重打击了提意见人的积极性，抑制了他们的思维，还给大家造成了一种观念，即开会的时候"谁先讲话谁先死"。当创新的想法都被批判得体无完肤的时候，就不会再有人去做发散性思考，群体智慧根本不可能再产生激荡，创新和集思广益就成了无水之源。

有些人的面子观念太重。与会者在自己说话的时候,会考虑自己的发言是否会伤及他人的面子,是否影响与他人的人际关系。开会的时候参加的人越多,发言者的顾虑就会越多。

请回答:

(1) 你怎么理解上面材料中的这种观点?你认为自己有没有这样的心理?材料中列举的这几种心理对会议会造成什么样的伤害?

(2) 本章"拓展阅读"里提供了几种提高会议讨论效率的方法,比如"扮黑脸""六顶思考帽""头脑风暴法"等,你认为在中国的文化环境下采用这些方法是否要做些改动?应该进行怎样的改动?

三、综合实训题

1. 最近学校正在进行奖学金的评选活动。你们的班主任把本班的评选会议安排在了今天下午。假如你是班长,请你列出在班主任进入教室之后、评选会议开始之前你需要做的工作。

2. 请你为本校、本系或本班所开的会议撰写会议主持方面的经验与问题。

3. 假设你们班经常为了各种各样的事宜召开会议进行讨论,但是同学们在会议上的表现却差异很大:有的时候大家都很有热情,积极发言,讨论热烈;而有的时候却非常冷淡,总是要点名才可以听到声音;甚至有的时候还有同学抵制会议。

(1) 从你的亲身感受出发,列举曾经出现过的会议场景。

(2) 作为一个普通的与会者,你认为出现上述情况的原因是什么?

(3) 假如你是班长,你认为面对这些场景,你能做些什么?

4. 游戏互动

(1) 教师可以在班里和学生做下面游戏:"请拿出一支铅笔,一张纸。在纸上画一条约10厘米长的垂直线。把你姓氏中的第一个字母和最后一个字母写在直线的上方和下方。"如果不注意最后一个句子中的两个"和"字,大多数人会把第一个字母写在直线的上方而最后一个字母写在直线的下方。

经验教训:即使是最简单的信息也会被误听。

沟通是双向的过程,差的信息传递会增加"听"的难度。

(2) 教师可以让学生迅速回答下列问题:"有的月份是 31 天,有的月份是 30 天。那么年中有多少个月份有 28 天?"不少学生会回答"一个",而事实上所有的月份都有 28 天。

经验教训:如果在听的过程中不花费时间或努力去集中精力思考,我们可能会盲目作答。

拓展阅读九

第十章 会中文书工作

学习目标

◆ 了解会议记录前的准备工作
◆ 了解会议简报的含义
◆ 掌握会议记录与会议简报的结构及其写法
◆ 熟悉会议记录与会议简报的写作要求

导引案例

文辉公司销售部最近正在策划公司新产品的推销方案,部门所有人都忙得不亦乐乎。今天早上一上班,高经理就召开了一个全部门的紧急会议,会议主题是讨论推销方案,高经理让秘书李季做好会议记录。

高经理开门见山地说:"前些日子制订的新产品推销方案已交到总经理办公室,经过经理办公会议讨论后,觉得方案有许多不妥之处,创意也不够。所以,总经理要求我们重新制订方案,一定要赶在销售旺季推出,并保证一炮打响。现在,离总经理规定的时间没几天了,请大家开动脑筋、集思广益、积极发言,今天一定要讨论出一个令人满意的方案,保证这次新产品销售能获得成功。总经理说了,如果这次新产品销售成功,公司给我们销售部全体成员一人发一个大红包。"

高经理话音刚落,大家就迫不及待地发言,也许是受大红包的鼓舞,今天的会议特别热烈。大家都争着献计献策,从方案的可行性、成功的概率到关键环节的把握,建设性的意见层出不穷,提出的创意五花八门、稀奇古怪。

李季可忙坏了,他负责会议记录,没想到今天同事们这么能说。为了提高记录速度,李季把同音字、汉语拼音字母、数学符号等秘书的速记本领全都用上了,但还是不能准确地记录每一个人的精彩发言,有的部分只好跳过去,有的只记了个大概。

会议开得很成功,大家都深受启发。会后,高经理让李季把会议记录整理好交给他,作为制订新推销方案的重要参考。李季看着他记得乱七八糟的会议记录,欲哭无泪,心想会议要是能重开一遍就好了。

讨 论

1. 李季为什么希望会议要是能重开一遍就好了?
2. 会议文书有什么重要性?

会议进行过程中有两个非常重要的文书,即会议记录和会议简报的起草。

第一节 会议记录

会议记录是对会议进程中的原始信息客观真实地记载,为日后查考、研究会议提供第一手的资料,也为形成决定、决议、会议纪要等最后的会议文件打好基础;同时,也便于传达和学习会议精神。

一、会议记录的准备

会议记录要提前准备好足够的笔、本等必备设施,还要准备好录音笔、摄像机等其他设备,以便作为手工记录的补充。此外,记录人还要准备一份会议日程表和其他的相关资料文件,以便在记录时随时使用;了解与会者的座位格局,还需识别发言者。此外,会议记录人员还需掌握一定的速记技巧,以提高记录速度。

二、会议记录的结构

1. 标题

会议标题一般为会议名称加记录两部分组成,如"天地公司董事会会议记录"。如果会议记录还要写的详细一些,可加入届次等其他信息,如果是一般会议,则只写"会议记录"四个字即可。

2. 首部

首部一般用表格形式记载会议的基本概况,具体包括:

(1) 会议名称(全称)。
(2) 会议时间,包括开会时间、中间休会时间、结束时间,需要具体到时、分。
(3) 会议地点。
(4) 会议主席,即会议召集人或主持人,写清楚姓名和职务。
(5) 与会者,写清楚姓名、单位、职务。
(6) 缺席人员,写清楚姓名、单位、职务及缺席原因。
(7) 记录人。

3. 主体

主体部分是核心,记载会议的实际进程,包括以下内容:

(1) 会议议题与议程。
(2) 发言情况。这是会议记录的重点,包括发言人姓名与发言内容两部分。
(3) 讨论问题、提出的建议等。
(4) 会议结果。会议结果指通过会议进程所取得的成果或通过的决议等。
(5) 会场情况,即会议期间会场内发生的与会议进程有关的具有记录价值的情况。例如,会议的氛围、与会者的情绪(如笑声、掌声等),会议迟到或早退等所有与会议进程有关的情况。

4. 尾部

尾部用于各项署名，是对记录的真实性的体现，一般有记录人和审核人的署名。

三、会议记录的方法

1. 详细记录

详细记录即有言必录，尤其是重要的会议要全面反映会议全过程，包括会议发言情况、会场情况等。详细记录则要求秘书人员掌握熟练的速记技能，必要时可以安排几个秘书人员同时记录，会后再进行共同核对整理。如果领导同意，则可以采用录音的方法辅助；如果当时漏记了内容，则可以在做记录的时候做出记号，然后对照录音或录像进行补充。

2. 摘要记录

摘要记录即取其精华，主要适用于一般性的会议。做摘要记录时，会议概况部分必须详细全面，但会议进程部分只需记录议题、发言人姓名及发言要点和会议结果。摘要记录可直接用规范的文字进行记录，使会议记录一次成文，经领导审核与发言者确认后直接归卷，可以省掉像详细记录的会后整理这样的工作程序。

3. 简易记录

简易记录即只取结果。除了记录会议概况外，可不记录、记载会议讨论的主要内容、观点、决议或决定等方面，而只记录会议的议题、议程和会议的结果。简易记录一般仅限于对较为简单的事务性会议的记录，由于不能全面反映会议的过程，因此简易记录查考、研究利用的价值较低。

四、会议记录的技巧

会议记录是一项难度很高的工作，尤其当与会者人数增加，相互之间的交流频率大为提高，会场气氛非常热烈时，要做到准确倾听、记录无误，对记录员的挑战极大。因此，为了保证对上述内容的及时、准确记录，会议记录人员要掌握必要的记录技巧。

（1）熟悉与会者。包括熟悉每个人的姓名、身份，还要熟悉每个人的大致工作经历、目前的工作部门、正在负责或参与的工作项目等，避免发生张冠李戴的重大失误。

（2）熟悉座位次序。这样即使在自己位置视野不好的情况下，也不会将发言者和发言内容之间的联系搞错。

（3）熟悉会议资料。会议资料包括现场发放给与会者的文件资料，秘书人员会前给每位与会者提供的资料，也包括会前要求各位与会者提供给会议的各种资料。会前要办到对所有这些材料内容了然于心，这样才会在倾听发言者发言的时候有所准备。

小贴士

> 即使你身边有所有会议相关文件资料的原件，也要非常熟悉文件内容。因为，会议一旦开始，你可能根本没有时间去翻阅它们。

(4) 熟悉会议议程所涉及的工作内容。尤其要了解新名词和新动向的内涵,这样才不会出现难以理解与会者的发言而无法记录的情况。

(5) 使用规范化的简称或缩写法。如"国务院台湾事务办公室"简称"国台办"。

(6) 省略法。即省略词语或者句子的附加成分和相同成分。比如"可以"记为"可","希望"记为"望","现在"记为"现"等。

(7) 速记。这是需要专业培训的速录技巧。一旦掌握,速度的提高是非常明显的。

五、会议记录的注意事项

(1) 不能遗漏与会者的重要发言内容。如果一字不漏地记录与会者的发言内容,很难做到,通常也不需要这样做。但是无论如何,记录人员也不能把与会者的主要发言内容遗漏掉。这是会议记录的最基本的要求。

(2) 必须尊重发言者的原意。与会者发言时多使用口语,虚词使用频率高,而且还会出现语意重复的现象。记录人员在记录时需要适当去掉这些于意思表达没有帮助的部分,但是要确保这样做了以后,没有改变发言者的原意、原话特点以及原来的语气。记录人员千万不可使用自己的语言随意加工、概括发言者的意思。

(3) 不能随意猜测。发言者的口语表达总是会带着自己的方言以及个人表达习惯的特点。记录人员对于发言中个别不清楚或不理解的字、词、句,不能随意猜测定论,不能马虎了事,必须在会议休息时间或者会后及时与发言者确认,直到完全清楚发言者的意思为止。

(4) 插话的处理。会场上经常会出现对某个问题热烈或激烈讨论时,与会者的发言不断地被打断。面对这种情况,首先,排除掉无意义的宣泄情绪的插话;其次,重要的插话,要在记录中将它保留在应该的位置上,并加括号表示这句话是插话。

(5) 笔迹清楚,表达顺畅,易于理解。不能使用自造的简称或者文字。

(6) 选用耐久性的书写材料。比如,不易褪色的碳素墨水、蓝黑墨水等,保证字迹耐久、清晰,有利于材料存档和长期保管利用。

(7) 必须使用专门的记录纸。会议记录不能什么纸都用,尤其不能使用活页纸。这样做看似方便,但是活页纸脆软轻薄,容易损坏,不利于会议记录的长期保存。

(8) 如果会议现场使用录音设备进行辅助,那么应该尽快地根据录音整理出会议记录的文字材料。

(9) 如果会议有重要的会议决定,那么会议主持人应该审核会议记录并签字。会议记录表如表10-1所示。

表10-1 会议记录表

××××公司会议记录
会议名称:
主办部门: 参加部门:
时间:　　年　月　日　时　分至　　日　时　分

续表

地点:	
参加人:	
缺席情况:	
主持人:	
记录人:	
(会议进程记录,发言及决议)	
记录人(签名): 　　审核人(签名):	共××页

【例 10-1】

文辉公司项目会议记录

时间:20××年××月××日
地点:公司会议室
出席人:公司各部门主任
主持人:××(公司副总经理)
记录:×××(办公室主任)

一、主持人讲话

今天主要讨论一下"××办公室"软件是否投入开发以及如何开展前期工作的问题。

二、各部门发言

(1)技术部朱主任。类似的办公软件已经有不少,如微软公司的 Word、金山公司的 WPS 系列,以及众多的财务、税务、管理方面的软件。我认为首要的问题是确定选题方向,如果没有特点,千万不要开发。

(2)资料部祁主任。应该看到的是,办公软件虽然很多,但从专业角度而言,在编辑方面大都不很规范。如 Word 中对于行政公文这一块就干脆忽略掉,而书信这一部分也大多是英文习惯,中国人使用起来很不方便。WPS 是中国人开发的软件,在技术上很有特点,但应用文方面的编辑十分简陋,离专业水准很远。我认为我们定位在这一方面会很有市场的。

(3)市场部唐主任。这是在众多航空母舰中间寻求突破,我认为有成功的希望,关键的问题是办公软件必须小巧,并且速度极快。此外,我们必须考虑到兼容性问题。

(4) 主持人。各部门都同意立项,初步的技术方案将在十天内完成,资料部预计需要三个月完成资料编辑工作,系统集成约需要二十天,该软件拟定于元旦投放市场。

散会。

主持人:(签名)

记录人:(签名)

第二节 会议简报

会议简报是反映会议活动动态、进程和主要成果的内部简要报道,也称为会议信息,大多是在会议活动的过程中编写的,有时也在会议活动结束后编写。会议简报作为一种迅速反映会议动态的信息载体,是会议活动组织方了解会议情况、掌握会议动态的重要渠道。同时,会议简报常常报道大型会议分组活动的信息,转载各组与会者在分组会上发表的重要意见。因此在大会交流时间有限的情况下,会议简报作为书面交流的补充形式,能够促进会议内部的交流与沟通。

一、会议简报的写法

1. 报头

报头位于会议简报首页上方约三分之一至四分之一的版面,一般包括以下内容:

(1) 简报名称。上端居中位置写上会议名称加"简报"字样组成。其中,"简报"两个字的字号要比会议名称字号大,用大红字体套红印刷,以显得醒目。

(2) 简报期号。简报期号即按简报编发顺序排列,标示于"简报"两个字的正下方居中的位置,可以加括号,如"(第×期)",也可以不加括号。

(3) 秘密级别与注意事项。带秘密级别的简报应在左上方注明级别;会议内部文件则注明"注意保密"或"会后回收"等字样。

(4) 简报编号。即每份简报的印制顺序,位于简报左上方,带有密级的简报需要编号,以便于登记、签收与清退。

(5) 编印机构。一般写会议秘书处,标示于期号左下方。

(6) 印发日期。即简报实际发出的日期,用阿拉伯数字将年月日标示于期号右下方。

报头和报体之间用一条红线隔开。

2. 报体

报体是会议简报的核心,包括标题、导语或按语、主体和结尾四个部分,但具体有两种写法。一种是报道式,即采用新闻报道的方式,介绍会议活动情况,可以是对会议活动进行较为全面的综合性的报道,也可以针对会议某一方面,如分组讨论中与会者对某一问题的看法做较为深入的专题性报道;此外,还可以迅速及时地针对会议最新情况和最新动态做动态性报道。另一种是转发式,即直接转发在会议活动中具有代表性和重要价值的有关代表的发言或书面建议。具体写作格式如下：

（1）标题。标题要求用精炼、简短、概括的语言将简报的内容概括出来，居中以较大字体书写。标题可以是单行标题，如"××××公司董事会隆重开幕"；也可以用双行标题，用正标题概括文章中心内容，副标题补充说明正标题，如"××学校教师代表大会——×××小组讨论侧记"。

（2）导语或按语。报道式的会议简报用导语开头，导语就是用简明的几句话或一段话概括全文主要内容，主要有概述式、提问式和点题式三种写法。

① 概述式。即用叙述的方式概括介绍会议活动情况和主要信息。如介绍会议的名称、举行时间、地点、主持人、与会单位及与会者、会议气氛等会议基本情况，一般综合性的会议简报采用这种方式。

② 提问式。把主要问题概括成一个问题，然后用提问的方式写出来。

③ 点题式。开头直截了当切入主题，引出文章内容，常用于专题性的会议简报。

转发式的会议简报的导语一般就是按语，又称编者按，用来说明转发的目的和原因；或是提示转发内容的重点和要点；或是对转发内容发表意见等评述性的按语。按语和主体的正文部分在字体、字号上要有明显区别。

（3）主体。主体是简报的核心，也即正文部分主要介绍会议的过程与主要内容。

报道式的会议采用新闻报道的方法，全面综合报道会议活动的各个方面；或对会议活动的某一个方面做专题报道，或根据会议最新情况、最新动态及时地做跟踪动态报道。

转发式的会议简报可对篇幅不长、内容精彩的发言或书面建议全文转发。如果采取摘要式的转发，不管采用哪种方式，都必须保持会议发言活动的原始面貌。

（4）结尾。对全文进行小结，阐明意义，或指明事件发展的趋势，也可在主体结束后自然收尾。

3. 报尾

报尾在报体之后，两条平行线之间的部分，注明简报发送单位和印发份数。发送单位一般标明"报：×××（指上级单位）""送：×××（指同级或不相隶属单位）""发：×××（指下级单位）"，平行写在横线左侧，印发份数写在横线右侧或横线右下方。

二、会议简报的要求

1. 充分收集

秘书人员在编写会议简报时要通过各种渠道广泛收集会议信息，如可通过会议记录、收集与会者的发言稿、召集各团组联络员交流和汇报等形式，充分收集与会议有关的各种材料，为会议简报的编写提供第一手的材料。

2. 严格筛选

首先，会议简报的内容必须具有典型性，要选择那些反映会议的主要活动和事件；反映与会者反响最强烈、最广泛的问题；其次，会议简报的内容还必须具有新颖性，要反映与会者的新观点和新建议。

3. 真实准确

真实是简报的生命。会议简报所反映的会议事实性不仅是真实的客观存在,而且其中所涉及的主要情节乃至于每一个细节,包括具体的时间、地点、人物、数字和引语等,都要做到准确无误,绝不能凭借主观的经验和愿望进行粉饰和加工。否则,就会严重影响会议简报的质量和效用。

4. 短小精悍

短小是会议简报的力量所在。会议简报应简明扼要、短小精悍,这样才能起到快速传递会议信息、交流经验的作用。如果文字冗长,就成了"通报"和"报告",从而失去了会议简报的意义。

5. 快速及时

快是会议简报的质量体现。会议简报具有一定的新闻性,类似于新闻报道中的"会议消息"。只有快,才能真正发挥会议简报在实际工作中应起到的指导性作用。

6. 细致编发

会议简报的编发,包括拟稿、编辑、审核、打印、校对、登记和分发等多个程序,拟稿时要注意语言简洁、主题突出、一事一报;校对时要严格规范;涉密简报要编号,注意保密,逐份登记,分发时履行签收手续等。每一个程序都要认真细致,确保不会出现任何纰漏。

【例 10-2】

××集团公司财务工作会议

简　　报

（第×期）

20××年××月××日（第×期）

在新的《企业会计制度》即将实施、主辅分离逐步开展的形势下,12月16—18日,集团公司在××楼召开了××集团20××年度财务工作会议,各分公司总会计师、财务科长、决算人员、审计人员,各指挥部办事处财务主管等130余人参加了会议。

集团公司总会计师××出席会议并做了重要讲话,在讲话中,××从认清新的财务形势、树立新的财务理念、完善成本管理机制、规范资金运作、实施新的《企业会计制度》、做好清产核资工作、做好财务预算工作、做好审计工作、加强会计基础工作、加强财会队伍建设十个方面做出重要指示,为集团公司下一步的财务工作指明了方向。

集团公司副总会计师、财会部部长××总结了20××年度××集团公司财务工作情况,并对下一年度××集团公司的财务工作做出了安排布置,提出了20××年度财务工作九个方面的要点:加强内部资金管理,提高信用意识;加大成本管理工作,探索有效的成本管理途径;严格执行财务预算制度,加大对资本运营中的监控;做好清产核资工作,为全面执行《企业会计制度》奠定基础;执行《企业会计制度》,完善相关的财务配套制度;结合主辅分离,紧缩经费开支;开展财会信息化建设,促进财会管理水平的提高;继续加强财会队伍的建设,提高公司的财务管理水平;加强财会学会建设,充分发挥财会学会的作用。

此次财务工作会议全面布置了20××年度财务决算编制工作,提出了20××年财务预算的编制要求,明确了清产核资的步骤和方法,解答了汇总纳税的有关问题。为下一步做好财务决算编制工作,提高财务预算的编制水平,加强国有资产的监控管理,合理筹划纳税工作,全面实施《企业会计制度》打下了基础,做好了准备。

【例10-3】

编号:001 会后回收

××省第×届人民代表大会

简 报

(第×期)

大会秘书处编 20××年××月××日

×××代表呼吁改善农民工工作环境

  编者按:近年来,农民工恶劣的工作环境对人身体造成的危害程度,受到社会的广泛关注,这一问题已引起许多代表的关注。×××代表在××省代表团会议上,强烈呼吁政府有关方面设立农民工工作环境的保护制度,受到许多代表的热烈响应。现将×××代表的发言摘要如下:

  农民工对我国的经济建设做出了巨大贡献,但相当一部分农民工的工作环境不容乐观,尤其是2009年河南农民张海超事件,更是让我们对农民工的工作环境有了触目惊心的认识。相当一部分农民工的工作环境没有任何防护措施,环境非常简陋……严重影响了他们的身体健康。为此,我呼吁政府有关部门设立有关农民工工作环境的保护制度,消除对农民工的身体危害。

  具体建议如下:(略)

报:×××,×××,×××××。
送:×××,×××,×××。
发:×××,×××,×××××。

印发份数:126

第三节 本章小结

通过对会议正式召开过程中两个文书：会议记录和会议简报的概念、结构、写作要求的介绍，本章旨在让秘书从业人员掌握这两个文体的写法，将其应用于会议工作中。

第四节 习　　题

一、基础知识题

1. 什么是会议记录？
2. 会议记录有何作用？
3. 会议记录包含哪些方面的内容？
4. 会议记录的方法有哪些？
5. 什么是会议简报？
6. 会议简报有何作用？
7. 会议简报的写法是什么？
8. 写作会议简报的要求有哪些？
9. 会议简报的内容包含哪三个部分？
10. 会议记录与会议简报的异同是什么？

二、案例分析题

1. 阅读下面案例，回答问题。

李秘书是盛达公司董事长的秘书，他做记录不仅速度快，而且直接用汉字书写，不用事后整理。因此，公司的许多会议都由他来做记录，对此，李秘书颇为自豪。可是李秘书做记录却有一个很不好的习惯，会议记录的开始部分往往信息残缺不全，不是没有会议的名称，就是忘了记录会议的时间；与会者的姓名每次都做了记录，却看不出哪些人出席，哪些人列席；至于缺席情况，他是从来不记的。有一次，董事长要查上半年的一次销售工作会议的记录，结果李秘书花了很长时间，才在好几份会议记录中鉴别出来。还有一次，董事长要查看前年他自己还未调来时的行政办公会议记录，在与会者姓名中看到一个陌生的名字，便问李秘书此人当时是不是副总经理，李秘书说他只是市场调研部的一个项目主管，当时他列席会议，向办公会议汇报项目的进展情况。董事长听了立即责问李秘书为什么会议记录中没有反映这些情况，李秘书无言以对，只得承认自己有错，并表示今后一定改正。

请回答：

(1) 李秘书的会议记录有何问题？
(2) 谈一谈你该如何做好会议记录。

2. 阅读下面案例，回答问题。

春天公司即将举办一个为期三天的大型新产品介绍会，编发简报的工作由张秘书负责。

会议如期召开后，进行得很顺利。参会的新老客户很多，大家对公司推出的新产品非常感兴趣，纷纷向总经理表达要订货的意向。总经理很高兴，希望这些好消息在会议期间尽快发布，以沟通消息，鼓舞士气。可是，不知为何，迟迟不见张秘书把简报编发出来，总经理想询问一下情况，却一直没找出时间。

会期已经过了大半，还是不见简报的踪影，总经理就让周秘书去张秘书那看看，到底是怎么回事。

周秘书到了张秘书的办公室，看到张秘书还在埋头苦写，就转达了总经理的疑问。张秘书说："我马上就写完了，写完后立刻交给总经理。"周秘书觉得很纳闷，问道："简报不是很难写，你怎么写得这么慢？"张秘书说："怎么不难写，我写了很久好不容易才写了两万字。"说完，张秘书让周秘书过来看电脑。张秘书仔细一看，张秘书写的哪是会议简报，分明是一份会议报告。于是，周秘书问张秘书："你知道简报的重点在于短和快么？一份简报最多不能超过一千字。你写了这么多，怪不得你写得这么慢，看来你对简报的作用和写法根本就不清楚。时间有点来不及了，我和你一起写吧。再晚一些时间，写出来的东西就不叫简报，而叫'旧报'了。"

张秘书在周秘书的帮助下，按照简报的格式，编发了两期简报，交给总经理。总经理审阅后对张秘书说："赶快印发，以后要注意提高工作效率。"

请回答：

（1）会议简报的作用是什么？会议简报的格式是怎么样的？

（2）为什么周秘书说"再晚一些时间，写出来的东西就不叫简报，而叫'旧报'了"？

（3）怎样理解会议简报的特点：快、新、实、短？

3. 阅读下面案例，回答问题。

季阳是北京某科技集团公司总裁办的秘书。这两天公司连续开了几天董事会，她一直负责会议记录。今天会议的主要议题是讨论在某地设立分公司，这件事情成败与否直接关系到公司的下一步发展。大家在派谁去担任分公司负责人的问题上产生了很大分歧。与会者主要有两种倾向：一位是市场部的李然，一位是研发部的张洁。因为难以抉择，董事长建议把这个议题放一放，下个星期再议，先讨论其他议题。

下班时，季阳收到了张洁的短信，说他们部门有几个同事晚上聚会，邀请她一起去吃饭、唱歌。季阳与张洁平时往来不多，几乎谈不上私交，这个时候请自己吃饭，季阳心中当然明白，但她仍然准时赴约。果然，张洁找到机会问起董事会上的具体情况。由于李然平时不仅不买季阳的账，而且还顶撞过她的上司，因此，季阳不仅对张洁如实相告，而且还给他提供了一些李然的负面材料。这样一来，派谁去分公司的问题显得更加复杂了。董事长以为季阳的上司也卷入了这种小帮派活动，就间接提醒他要以公司利益为重。当季阳的上司知道这一切麻烦都是季阳搅和出来的以后，对她提出了警告，并将她调离了岗位。

请回答：

（1）会议记录员的职责应该是什么？

（2）季阳在会后的行为对会议议题的解决究竟有什么伤害？

（3）从本案例来看，如果遇到张洁这样的邀请，你认为季阳应该怎么样正确应对？

三、综合实训题

1. 利用你下次开会的机会，做好会议记录。
2. 请你为某家公司制作一份统一格式的会议记录。
3. 请你为某家公司的会议编发一期简报。
4. 请你为本校、本系或本班所开的会议制作和编发一期会议简报。

拓展阅读十

第十一章 会议保障服务

学习目标

◆ 掌握会议值班工作的内容
◆ 熟练掌握会议安保工作的内容

导引案例

现在市场竞争很激烈,只有好的产品,没有好的营销策略,企业仍然无法取得好的效益。文辉公司的产品质量很好,可就是销售额上不去,公司决定召开一次营销方案的研讨会。企划部拿出了几个方案,总经理专门请了几位专家来一起参与讨论,以期确定一个最佳的方案,确保公司的销售额能上一个台阶。会议如期在公司会议室举行。为保证会议不受干扰,李秘书亲自在会议组值班室值班。

会议进行到40分钟时,李秘书在值班室接到一个紧急电话,是找其中一位专家的。对方说是这位专家的妻子,因为他早上出门时忘了带手机联系不上他,幸亏早上听他说要到文辉公司开会,所以查到了这个电话号码。她请李秘书代为转告,让这位专家马上赶到市人民医院,他的父亲因为心脏病突发正在这家医院急救。

李秘书想虽然这次会议很重要,但这是人命关天的事情,得及时通知专家。于是,他马上打电话通知会务组的司机在公司楼前待命,并把情况写在纸条上递给总经理。总经理一看,要求李秘书马上通知这位专家并做好安排。这位专家听到消息后很是着急,李秘书说:"您先别急,车子已经在楼前等候了,马上就可以送您去医院。"这位专家非常感谢,对这次会议的半途而废表示歉意,同时表示以后公司有事尽管找他,他一定尽力帮忙。

处理完这件事情后,李秘书继续值班。过了一会,秘书小王从会场跑出来告诉他,投影仪出了问题,影像有点不稳定,模糊不清。李秘书马上拿起早已准备好的电话通讯录,打电话通知在办公室随时待命的技术维修员小张,让他马上过来检查一下。5分钟后,小张来了,问题很快得到了解决,会议又继续进行下去。

由于李秘书的精心协调安排,各种问题都得到了及时有效的解决,保证了会议的圆满成功,总经理很满意。

讨 论

1. 你认为如何做好会议值班工作?
2. 如何做好会议保障服务?

会议保障服务就是为会议的正常、顺利地进行提供的一系列的保障,主要有会议值班、会议安保服务与维护服务。

第一节　会议值班

会议值班就是在会议期间成立专门机构或安排专门人员处理需要临时办理的事项,满足会议领导或与会者的临时性需求。会议值班工作是一项非常重要和严肃的工作,起到沟通上下、联系内外、协调左右,以及保证上级的重要指示及时传达、会议发生重大紧急情况及时反映、保证会议正常进行的作用。会议值班工作的质量影响会议的质量,值班工作的好坏直接影响到组织方工作效率的高低。

一、会议值班的任务

1. 电话记录

在会议值班中,值班人员要记清楚来电时间、来电单位及来电者姓名、所要找的人的部门及姓名、来电内容等。

2. 接待记录

值班人员要记清楚来访人的单位、姓名、来访事由,要找何人以及联系电话等。

3. 用品设备值班

值班人员要做好会议办公用品的供应工作,向与会者提供茶水、毛巾、纸笔等会议常用物品。此外,值班人员要检查会议各种仪器设备的使用及运行情况,发现问题及时排除故障。

4. 信息传递

值班人员要及时将会议中的重要或紧急信息传递给有关人员。在值班前,值班人员要做好相应准备,以保证会议的不时之需,随时应付会议的各种突发事件。在值班时,手边要有相关人员的通讯录,如设备维修、车辆调度人员的通讯录,以保证出现意外情况时可以及时、有效地得到解决。

二、会议值班的要求

1. 坚守岗位,不脱岗

会议值班应制定严格的制度,值班人员必须坚守岗位,不得擅离岗位,这是会议值班的基础。

2. 认真负责,不推诿责任

会议值班人员在会议值班期间要认真负责,面对各种事项要积极处理,不随意推脱。及时传达会务组有关指示,完成临时交办的事项;对一些重要的、紧急的事情随时报告,做好值班工作。

3. 做好交接班制度

会议值班人员应坚持交接班制度,值班人员要严格按照规定时间、程序做好交接班工作,不能间断,要保证值班工作的连续性。也就是说,要求上一班的值班人员要把值班情况,尤其是未办理完的事项或待办事项,向下一班的值班人员逐一交代清楚或详细说明处理情况。

三、会议值班表的内容

值班期间值班人员要在会议值班表中认真做好值班日志,记清楚值班过程中所发生的有关电话、来访、信函、电报、传真等内容。会议值班表(如表11-1)所示一般包括以下内容:

① 值班具体起止时间与具体值班日期;
② 值班地点;
③ 值班人员(包括会议值班负责人和具体值班人员);
④ 值班内容;
⑤ 注意事项;
⑥ 备注。

表11-1 ××××会议值班表

值班时间	年　　月　　日　　时　　分 — 　　时　　分
值班地点	
值班人员	
值班内容	1. 2. 3. 4. …………
注意事项	1. 2. 3. 4. …………
备注	

第二节 会议安保服务

会议安保是为了保证会议正常、顺利地召开,而不致发生意外所进行的一系列工作。会议安保工作比较复杂,既有会场内部保卫,又有会场外部保卫。会议期间应派专门人员来负责会场内外的安全保卫工作,尤其是一些重点和要害部门,一定要做好必要的检查,熟悉相关情况,随时发现问题,及时堵塞漏洞,排除隐患,为会议的顺利进行打下基础。会议安保一般包括文件资料安全、会场安全、医疗卫生服务、车辆服务和设备使用安全。

一、文件资料安全

会议中如果涉及不宜向外泄露的有关会议内容的文件资料等,要做好文件的保密,以防泄密。主要从以下两个方面来加强保密工作:

1. 制定保密制度或规范

秘密级别较高的会议,要根据会议内容的重要程度确定文件资料的密级规格,即属秘密、机密还是绝密,类型不同所采用的措施也不同。涉密文件要统一管理,并由专人负责。文件在印刷、传送、发放、保存、阅读、清退、销毁、存档以及检查等运转过程中的各个环节,都应有保密措施,要求每个环节都要严格检查,做好严格的登记管理制度。

领导在秘密会议上的讲话,未经批准,任何人都不得录音、录像和报道;如果准许录音、录像,则存储文件要同文件一样严加管理。对于其他与会议内容有关的录音、录像、摄影和通信设备等也要严加保管。同时,宣传、报道会议相关情况时,要严格审查新闻稿件,凡未公开的会议文件的内容,未经批准,不得公开发表和宣传。所有稿件必须经过严格的审核,确认无误后方可发表报道。

2. 加强会务人员和与会者的保密意识

制定保密制度或规范是对秘密会议外在层面的会议纪律要求,但只靠纪律的约束是不够的,必须加强对会务人员和与会者的保密意识教育,增强保密法制观念,提高保密的自觉性,使保密纪律建立在与会者高度自觉的基础之上。因此,应不断强化会务人员和与会者的保密意识。例如,不该说的秘密绝对不能随便说,不该看的文件绝对不能看,不该打听的事绝对不能打听;未经批准,不得装置无线、有线扩音设备,不准随便向外泄露会议内容,不准随便印制文件;会议新闻报道或宣传等要注意内外有别。

此外,随着科技发展的日新月异,泄密渠道日益多样化。尤其是手机的普及,很多与会者携带手机参加会议,这种方便的通信工具很容易把会议内容和会议进展情况泄露出去。为此,现在许多凡涉及秘密内容的会议或不宜公开内容的会议,都不允许与会者携带手机等移动通信设备进入会场,入场前通信工具应交给会务人员统一保管。

小贴士

建立保密制度并不难,难的是建立保密意识。说者无意,听者有心,要防止在平时日常生活中的无意泄密。相关人员要切实提高自身保密意识,同时还应讲究保密的艺术。

二、会场安全

对于有些秘密会议,会议地点的选择也要考虑是否具备保密条件,如选择相对隐蔽的地方,同时具有良好的隔音和屏蔽效果,以避免会议内容外泄。下面介绍会场内外的安保。

1. 会场内安保

严格遵守出入场检查制度,要严格管理会场人员出入会场,会务组应派人守卫会场。与会者进入会场时必须携带相关会议证件,否则不准入场。会议期间原则上与会者不准外出,确需外出者,必须经过批准并记录在案。

注意:检查会场内指示标志是否明显清晰,通道是否畅通,灭火器材等设备是否能正常使用。

2. 会场外安保

会议安保人员要严密监控会场四周,防止可疑者接近或混入。还需检查会场是否被安装窃听、泄密装置。例如,众所周知的美国"水门事件",就是因为水门宾馆的会议室安装了窃听装置。如有必要,应在会场周围设置必要的警卫,限制无关人员接近会场,注意发现各种可能造成泄密的情况。

三、医疗卫生服务

医疗卫生与车辆是会议尤其是中大型的会议中必不可少的保障,合理安排会使会议顺利、圆满地进行。为保证与会者的身体健康,必须采取有效措施,做好会议医疗卫生服务。

1. 设立医务室,以防不测

大型会议往往因与会者来自不同地方,由于路途遥远、气候变化、水土不服、工作紧张等因素而出现身体不适等症状。对于大型和超大型会议,组织方应专设会议期间医务室,配备一些医务人员,或指定会场周围的医院为定点医院,保障与会者的身体健康。而对于小型会议,应准备充足的日常所需的应急药品,如高血压、心脏病、感冒、肠胃不适及外伤、防暑、避蚊和治疗肠道传染病等各种药。此外,医务室的医护人员还应了解与会者的身体状况,为年老体弱者做好保健卡,重点关注。

2. 做好检查,提前应对

会务组提前做好检查,如饮食是否卫生,食品是否符合国家食品卫生法的规定,必要时采取抽样检查和全部检查的办法,进行严格化验,以防食物中毒事件。同时,饮用水是否煮沸,餐具和茶具等是否洗净、消毒,被褥是否干净,会场及住宿周围环境是否整洁等进行严格检查,做好卫生防疫,防止流行性疾病的发生。

四、车辆服务

会议车辆服务是做好会议交通的重要保证,会议车辆要根据会期长短、与会者人数的多少等实际情况,本着既保证工作需要又勤俭节约的原则,做好交通安排。

大中型会议通常由于与会者人数较多,身份较高,所以需要车辆来满足会议的各种需要。比如,接站、送站、会议参观等都需要车辆,所以,要根据会议实际需要,确定使用车辆的数量、标准等。会议期间的交通保障直接关系到与会者的集体活动和会议组织工作的效率,会议车辆服务包括以下内容:

1. 会议车辆数量、类型

根据会议规模与内容、与会者的身份等来确定车辆数量及类型。

2. 会议车辆管理制度

会议车辆的管理,尤其是对于大中型会议而言,任务繁重、责任重大、情况复杂,所以必须建立严格的会议车辆管理制度,保证会议的正常使用。

(1) 必须确定车辆停放的具体地点,不随意停车,必要时应设专人看管。进出车辆,必须服从交通指挥人员的管理,不争先恐后。行车路线要明确划分,做到人车分离、各行其道、不混行。

(2) 确定车辆使用范围,履行用车批准手续。充分保证会议用车,并建立会议期间24小时的用车值班制度。

(3) 做好车辆安全检查并对驾驶员服务进行规范的管理;随时对车辆的安全性能进行检查,发现问题要及时解决。同时,加强对驾驶员责任心、服务态度等方面的教育管理,确保用车安全。

(4) 做好车辆调度。车辆调度是指对车辆使用的时间安排、乘车安排、车辆的编号、有序上下车等方面加强组织,保证车辆调度准时、明确和高效。

3. 租车管理

在举办大型会议时,如果本单位车辆不够用,还可向租车公司租车。会务组在租车前要调查租赁公司的资质、信誉、服务情况、价格及车辆状况等。

五、设备使用安全

不论会场,还是与会者住宿的房间、公共场所等各种设施或设备,应确保能够安全使用。会务组提前要做详细检查,一旦发现隐患或故障,则应及时排除。

会议安保工作应认真、细致地考虑到每一个环节,防止疏漏,并随时做好突发事件的应急工作。如果有必要,可在会前对某些环节进行实际演练。

第三节 本章小结

通过对会议值班、会议安保服务这两个方面的介绍,本章旨在让秘书从业人员掌握正常、顺利进行会议所要准备的必要工作。会议值班处理需要临时办理的事项,满足会议领导或与会者的临时性需求;会议安保从会场内外给与会者及会议内容提供可靠保障。

第四节 习 题

一、基础知识题

1. 会议值班的作用是什么？
2. 会议值班有哪些要求？
3. 会议安保有哪些方面的内容？

二、案例分析题

1. 阅读下面案例，回答问题。

某次会议上，会务组会前起草的"大会开幕式程序（送审稿）"中列有"奏（或播放）国际歌"的一项。大会秘书处一位负责人审稿时，拟把此项放在大会闭幕式进行，于是把此项目从开幕式的程序中删掉了。后来大会秘书处主要负责人定稿时，又把该项补了回来。会务组的同志凭印象只记住已删掉"奏（或播放）国际歌"此项程序，而对后来又被补了回来一事未加注意。因此当在大会开幕式宣布"奏国际歌"时，音乐无法奏出，一时形成了冷场。幸好会务组负责人急中生智，立即上台挥拍领唱，这才圆了场。会后会务组受到领导的批评，但在关键时刻能做到及时补救，这一点受到表扬。

请回答：

本案例中会务准备方面存在哪些问题？

2. 阅读下面案例，回答问题。

宏达公司上半年的销售额达到了 500 万元，超过去年 20%。同时，公司最近开发的新产品刚上市，销售额也是节节攀升。所以总经理决定今天召开表彰会，表扬奖励表现突出的部门和个人，以鼓舞士气，再接再厉，继续超额完成下半年的工作任务。

总经理讲话完毕，由销售部的刘经理发言。刘经理也很兴奋，因为他领导的部门业绩突出，总经理授予他"金牌经理"的称号，并给予他连涨三级工资的奖励。刘经理在主席台上激动地讲着讲着，忽然觉得有点头晕，然后就趴在桌子上不动了。

会议室顿时一片哗然，大家惊慌失措，纷纷围了上来。总经理就坐在刘经理旁边，见状立即摇晃刘经理的身体，并大喊他的名字。

这时，销售部秘书小周见状马上跑过来，叫道："不要动他，刘经理可能是心脏病犯了，快来人帮忙把刘经理放平。"刘经理躺平后，周秘书动手解开刘经理的领口，松开领带，把窗户打开通风，然后马上取出会议室内准备好的急救包，拿出装有救心丸的小药瓶，取出 2 粒塞进了刘经理的口中。过了一会儿。刘经理缓过来，大家才放心。

请回答：

（1）案例中会议出现情况处理得怎么样？说出你的理由。

（2）围绕案例，谈谈你对会议医疗服务的认识。

3. 阅读下面案例，回答问题。

秘书钟苗身着职业装坐在办公桌前，时钟显示上午 10:00，钟苗在电脑上拟写新产品发布会策划方案的通知，电脑上显示的是（屏幕特写如下）：

天地公司新产品发布会预备会通知

各部门经理：

　　兹定于今日（10月20日）下午2：00在公司一楼会议室召开各部门经理会议，请相关人员务必准时出席。

经理办公室
20××年10月20日

钟苗把会议通知写好并发送完毕后，她拿起电话，拨号："喂，是车队小王吗？我是秘书钟苗。"

小王："钟秘书啊，您好，有什么事吗？"

钟苗："周三我们要开新产品发布会，除了上次我要的两部车外，还需要增加两部轿车去接一下宏远公司的李总和世纪集团总工程师，有没有问题？"

小王："那比较困难，只剩下一辆车了。王总说不能随便派出去，要留着备用。你上次的用车计划里，可没说要那么多车啊！"

钟苗："是我没考虑好，是哪些部门还预约了车子？"

小王："周三财务部要车去银行，行政部要车去买办公用品，生产部经理要车去飞机场。"

钟苗："怎么全赶一块儿了。哦，我知道了。要不这样吧，我去和行政部协商一下，让他们打车去，腾出一辆车来，加上剩下的这辆车就够了。我协商好了再和你联系吧。"

小王："那，可以吗？"

钟苗："这你就不用管了，你只管准备好车子接人就是了！"

小王："好的。"

请回答：

钟苗在协商用车安排时做得怎么样？

三、综合实训题

1. 利用你上课的机会，演示一下你们学校多媒体教室中投影仪的使用流程。
2. 请你为你们班所开的一个重要的班会制定一个安保措施。

拓展阅读十一

会议组织——会后篇

第十二章 会议结束后的返离工作

学习目标

- ◆ 了解会议返离工作的重要性
- ◆ 掌握会议返程票的安排
- ◆ 熟悉会议费用的结算与检查
- ◆ 掌握会议送行要求

导引案例

文辉公司承办了营销协会召开的年会,会务组的李秘书负责与会者的返程工作。李秘书在会前的会议通知回执中要求与会者填写详细的返程信息,如返程时间、所乘坐交通工具的种类、返程地点等内容。考虑到会议期间,有的与会者可能在返程时间或所乘坐交通工具上有变化,所以在会期进行到一半时,李秘书又逐个找与会者核对,落实最后的返程日期、乘坐的交通工具,以及车次、班次、航班等信息。

有的与会者还不清楚车次、班次及航班的出发和到达的时间,不知道乘坐什么交通工具比较方便,一时难以确定。李秘书就拿出随身携带的铁路、民航、公路和港口的时刻表,和与会者一起讨论,做一个最佳的选择。直到全部与会者确定完毕后,李秘书抓紧时间预订车票、船票和机票。尽量满足与会者的要求,实在不能做到的,及时跟与会者沟通,重新选择后再预订。

会议已接近尾声,李秘书开始忙碌起来,穿梭于与会者之间送票。同时,统计需要送站的与会者名单,把他们出发的时间分成几个集中的时间段,以便派专车送站。

与会者离会的那天,李秘书提醒与会者及时与会务组结清费用,归还所借物品,拿好自己的物品和票据,准备返程。李秘书为与会者送行后,看着他们登上送站的专车离开会场。会议结束后还有暂时不返程的与会者,需要暂住的,李秘书都给予了妥善的安置,尽量满足他们的需要。

会后,在与会者填写的会议评估表上,李秘书的返程工作得到了大家的一致好评。

讨 论

结合案例中李秘书的返程工作,谈谈秘书应怎样做好与会者的返程工作?

会议结束后返离工作是对与会者返程工作的安排,涉及返程票的预订、会议经费的结算、会场检查、会议结束后的送行等方面。组织方安排得好,会给与会者留下良好的印象。

第一节　安排与会者会议结束后的返离工作

秘书人员应根据会议时间的长短,与会者返回地的地域情况的不同,提前安排与会者的返离事宜。因为,这直接关系到与会者能否按时返回,而且不影响后续工作。具体做法如下:

一、返程票的安排

会议结束并不意味着会议工作就结束了,有单位外部人员参加的会议应根据会议的长短、外部与会者人数的多少等情况及早安排好与会者的返程事宜。

1. 了解与会者返程要求

秘书人员应通过会议回执、报到等多种渠道充分了解与会者对返程的具体要求,尊重他们的意愿。返程内容具体包括:日期、时间、交通工具、舱位及座位类型、抵达地点的选择等。如果有必要,则秘书人员应绘制成表格,将每位与会者的要求全部准确、清晰地标示出来。一般情况下,秘书人员按照与会者先远后近的次序预订返程机票和车票等;同时,秘书人员要提前掌握交通工具的航班、车次等情况,尽早与民航、铁路、公路、港口等部门沟通联系,提前预订好飞机票、火车票、汽车票和轮船票。

2. 及时和与会者协商

秘书人员制定好返程表后要及时和与会者协商,如果有变动,则应及时更正。根据与会者的要求,通知与会者单位,告知与会者的返程交通工具信息,以便对方安排接站。

3. 帮助与会者提前做好返程准备

(1) 提醒与会者及时归还向组织方或会议驻地单位借用的各种物品。

(2) 提醒与会者及时与会务组结清各种账目,开好发票收据。

(3) 帮助与会者检查、清退房间,避免遗忘个人物品。

(4) 准备一些装资料的塑料袋及捆东西的绳子等物品,以备急需。

(5) 帮助部分与会者托运大件物品。

小贴士

查找火车车次、航班的途径与方法有:① 手头的交通时刻表。② 通过与会者的会议回执表。一般情况下,与会者的回执表中都有返程车次、航班的信息。③ 电话咨询法。打电话到车站、航空公司咨询。④ 网上搜索法。提供上网搜索需要的信息。⑤ 通过旅行社等机构。

二、会议费用的结算与会场检查

1. 会议费用的结算

会议费用的结算是会议组织方在会议结束后对整个会议的费用使用情况,即会议开支费用的结算。会务组应准备专门账册,对开会过程中的各项开支进行详细记录。会议结束后,会议财务工作人员、秘书人员应按照会前经领导审定的预算进行决算。一切会议都宜遵循勤俭节约的原则,尽量减少不必要的开支;同时,又要保证会议的质量和档次。超过预算指标,又无正当理由的不予报销。要做好会议费用的结算工作,及时向领导汇报,并及时到财务部门报销。

(1) 与会者费用的结算。会议结束后,会议组织方应及时通知与会者会议结算时间和地点。与会者在开会报到时一般都要交纳需要自行承担的会务费,但此时的会务费都是笼统的一个交费数额。在会议结束后,与会者离开之前,还要列清与会者参会期间每项的具体开支,如住宿费、餐饮费等,在报到收款金额中多退少补,并将开会报到时出具的收款收据换成正式发票,以便与会者回到所在单位进行报销。

发票是报销的凭证,开具发票应按照规定的时限和顺序,逐栏、全部联次一次性如实开具,并加盖单位财务印章和发票专用章。不符合规定的发票,不得作为财务报销凭证,任何单位和个人都有权拒收。开具发票的工作人员事先要与财务部门确定正确的开具发票的程序,不能出现任何差错。

小贴士

① 开具会议住宿费发票时,需要向宾馆酒店索取盖有酒店专用章的正式发票,保证所开的发票与收取的会务费相等。

② 住宿费一般不包括使用房间的长途电话费、在酒店签单的其他费用。如果会议组织方所收取的会务费不包括这些额外的开支,又不希望这些开销带来不必要的麻烦,则可以事先要求宾馆酒店撤掉这些服务项目或事先和与会者说清楚。

(2) 整个会议费用的结算。会议一结束,秘书人员应及时清点整个会议费用的实际支出,对照会前费用预算,逐项进行核点。填写报销单,按报销要求将发票用胶水粘贴在报销单背面。请主管领导签字后去财务处报销。结清所有项目的费用,并将经费使用情况向领导汇报。

(3) 会议财务管理应遵循的原则。

① 遵守制度,严格手续。这是会议财务管理最基本的原则。会议经费要按照国家有关规定,收取会议费的数额要经过研究确定以及有关负责人的批准,收会务费要给与会者开具正式发票,支出要有正式收据,发放补贴、支取现金要填写现金领取单。此外,对购买物品的数量和金额要认真审核,避免款物不符。

② 量入为出,收支平衡。会议经费的收入来源通常有上级拨款、本部门专项经费、企事业单位赞助,以及收取会议费等几种方式。要根据收入与各项活动支出做好预算,并严格按

预算支出费用,做到收支平衡,避免入不敷出,或当用不用,结余太多。

为保证经费支出条理清楚,可建一个临时性账目,待会议结束、结算完毕后,按有关财务管理的规定报账。

③ 精打细算,厉行节约。会议申报经费时,要根据会议的内容、规格、会期和范围等,对所有收入与支出逐项精心核算。

2. 检查会场或会议室

(1) 清点会中使用的各项物品,清理并取走所有剩余的与会议有关的文件资料或物品。

(2) 收拾整理临时放置在会议室的茶杯、桌椅、烟灰缸和其他用品。会议一结束,要及时通知负责承办会务的人员回收会议室的茶具等,使会议室恢复原貌。

(3) 有条理地检查、清还各种视听设备及用品。会议结束后,要将为布置会场特意租用或借用、安装的有关视听设备和器材及时还给租用或借用的单位,及时放回原处或办理归还手续,以避免丢失或归还不及时而带来的不必要麻烦。为了安全起见,需要将设备锁进仓库,等待委托人来保管这些设备。如果设备或器材丢失,则应及时向领导汇报丢失情况并协商处理。

(4) 揭去会场、会议室等处的标示物,将会议室设备整理恢复到备用状态。

(5) 锁好会议室门窗。向会场、会议室管理部门做出使用完毕的报告,并办理付费的有关事宜。与会者离会前,要检查可能在会场或房间里遗漏的一些物品和文件,一旦发现,应及时上交或归还。尤其是住宿房间,由宾馆服务人员仔细检查设备有无损坏、是否消费了协议中需自费的商品等。

第二节　会议结束后的送行

会议结束后,会务人员应分工明确地做好善后处理工作,要善始善终,不能虎头蛇尾。让与会者顺利平安地返回是会议组织方责无旁贷的义务。

当会议的所有议程全部结束后,与会者离会时要热情告别送行,人们常说"迎人迎三步,送人送七步",离开时对与会者的送行比对其开始时的接待更重要。具体要求如下。

1. 送行前的具体要求

(1) 确定送行规格。会议结束后,对前来参会的与会者,无论是官方人士、专业代表团还是民间团体、知名人士,在他们离开时,都要安排相应身份的人员前往机场(车站、码头)送行。一般情况下,送别宾客要讲究规格对等,即在送别宾客时,组织方出面送行的主要人员的职务、身份、地位,应当大体与主要来宾的职务、身份、地位相仿。因此,送行首先要根据来宾的身份和参加目的,以对等为原则,确定来宾的送行规格,安排合适的人员进行送行。如果安排送行的人员由于其他原因不能出面时,无论做何种处理,都应从礼貌角度出发,向对方做出解释。

(2) 选择告别形式及安排时间。根据会议性质,会议活动组织的领导人尽可能安排合适的形式与时间出面告别。告别的形式可以是到与会者住宿的房间走访告别。如果与会者第二天早上离开,则应在前一天晚上道别;如果与会者在当天下午或晚上离开,则在当天上午道别,且停留时间不要太长,半个小时为宜。除此之外,也可以在会议活动闭幕式结束后到会场门口道别。此外,重要的与会者还需要安排一定身份的领导亲自到机场或车站送行。

(3) 提前安排好送行车辆,并告知与会者乘车时间,将与会者送至车站、码头或机场。

2. 现场送行具体过程及礼仪

(1) 提前抵达送别地点。由于天气变化、交通状况等原因,必须准确掌握与会者乘坐飞机(火车、船舶)抵离时间,及早通知全体迎送人员和有关单位。如果在送行时举行欢送仪式,送行人员应在与会者登机(或者上火车、轮船)之前抵达。在考虑为与会者送行的具体时间问题时,需要兼顾下面两点:一是切勿耽误与会者的行程,二是切勿干扰与会者的计划。

(2) 送行的具体过程。现场最为常见的送别形式有道别和话别。

① 按照常规,道别应当由与会者率先提出来。当与会者前来向组织方道别时,与会者往往会说"就此告辞"或"后会有期",而此刻组织方一般会说"谢谢光临"或"后会有期",双方握手道别。道别时,组织方的送行人员需要特别注意下列四个环节:

- 组织方的送行人员应当代表组织方表示诚挚的谢意。
- 握手道别时,组织方送行人员应当后伸手。
- 必要的情况下,组织方的送行人员应当将与会者送到会议现场门口。
- 必要情况下,组织方的送行人员给与会者赠送纪念的小礼品。

② 话别,亦称临行话别。当与会者和组织方关系密切,或有具体的意见要交换时,往往会有话别。和与会者话别的时间,一要讲究主随客便,二要注意预先相告。最佳的话别地点一般在会客室、贵宾室。参加话别的双方人员的身份、职位大致相似,如对口部门的工作人员、接待人员等。话别的主要内容一是表达惜别之意,二是听取与会者的意见或建议,三是了解与会者有无需要帮忙代劳之事,四是向与会者赠送纪念性礼品。

(3) 会议组织方送行人员应目送与会者离开,直至消失在视野中。不管前面的接待工作做得多么周到,如果最后的送行让与会者备受冷落,就会"功亏一篑"。因此,要做好会务工作,会务人员必须重视送别,掌握送别的相关礼仪,把送别工作的方方面面落到实处。

3. 送别实施要点

在送行的各环节上,要突出"准时""细心""热情"六个字。

(1) 准时。送行人员必须适当提前到达送别地点,不得迟到。

(2) 细心。送行人员要主动帮与会者提拿行李和办理离去的相关手续,尤其要提醒与会者检查随身物品;采取相应措施防止与会者的钱物被盗;要问候与会者的身体状况,必要时提供一定的治疗手段和药品。

(3) 热情。在离别时,送行人员一定要和与会者一一握手道别,预祝其旅途愉快,欢迎再来访问。当与会者所乘交通工具启动离去时,送行人员要挥手致意。待与会者离去后,送行人员方可离开。

小贴士

> 帮助购买返程票和送站工作是给与会者留下的最后印象。这是非常烦琐的事情，特别是回程票的预订，一定要熟悉每位与会者的回程要求，细心安排。如果与会者有困难，则会务人员应及时与送行人员沟通，保证与会者满意地离开。

第三节 本章小结

本章讲述的时间起点是所有人都离开了会议室，会场的一切恢复原貌，会场关闭。但是时间的终点却没有人能够给予一个准确的预知。在条件许可的情况下，当次会议的所有决议都得到了推行和实施，并最终获得了成果。这时，才可以说本次会议的会后工作已经完全结束。这个过程可能很长，但是无论时间跨度多大，它所包含的首要的工作内容不外乎以下几种：与会者返程票的安排、会议费用的结算、检查会场、会议结束后送别等。

第四节 习 题

一、基础知识题

1. 会议结束后，如何安排与会者的返程？
2. 会议结束后，如何结算与会者的费用？
3. 会议财务管理应遵循什么原则？
4. 会议结束后如何检查会议室？
5. 会议现场送别礼仪要注意哪些方面？
6. 有哪些来宾需要到机场、车站、码头送行？送行的礼仪有哪些要点？

二、案例分析题

1. 阅读下面案例，回答问题。

美美达公司的王总经理对待送别可以说是细致周到。有一次，王总经理和刘秘书送一位友人到火车站，火车刚一离开，刘秘书就准备转身离去，王总经理制止了刘秘书。王总经理说，送客时，要站立向客人挥手致意，等到火车消失在视野里才能离去，这代表着我们对客人的尊重友善。

请回答：

（1）联系案例回顾你在为他人送行时是怎么做的？
（2）会议结束后，怎样做好对与会者的送行工作？

2. 阅读下面案例,回答问题。

案例一

文辉公司邀请全国的客户到云南昆明参加春天公司新开发的系列化妆品的洽谈订货会。李秘书负责安排与会者的返程工作,李秘书想先解决容易预订的近处与会者的车票问题,再慢慢解决北京等远地难以解决的车票预订问题,而且他想当然地认为,只要为大家尽可能预订火车硬卧票就行了。结果,部分与会者因不能及时拿到返程的车票和机票而对组织方十分不满。有些与会者拿到票后感觉不满意,又要求组织方更换车次或退票,结果闹得大家不欢而散,使洽谈订货会的工作成果大打折扣。

案例二

某年,在××市召开的一个全国性学术会议上,有几位与会者都没有买到返程的预约票,而且与会者是在会议结束后的晚上才知道的。事前与会者曾询问过几次,并说如果会务组有困难他们就不麻烦会务组,自己想办法,但会务人员表示他们可以买到票。结果票没买到,与会者只好自己赶到车站排队买硬座票。

会议本来开得很好,参观安排得也不错,但由于返程中发生的一些问题,这些好的印象在与会者的脑海中都被冲淡了,有的只是满腹牢骚。

请回答:

(1) 这两则返程工作的案例说明了什么问题?

(2) 如果你是案例二中的会务人员,你该怎么做?

3. 阅读下面案例,回答问题。

会场清理工作

春天公司召开的新产品开发研讨会已接近尾声,出席这次研讨会的有公司各部门的经理和研发部的全体成员。此外,公司还请了几位专家来参加。为了避免干扰,这次会议还租借了海天饭店的会议室召开会议,开会用的设备也是租用饭店的。

首先,张秘书取下为布置会场悬挂的横幅并折叠整理好;其次,她把桌子上的茶具和烟灰缸收到一个整理箱里,拿到茶水间去清洗,洗干净后再整齐地摆放在会议室的茶几上;最后,她把会议室凌乱的桌椅摆放整齐,在摆放桌椅时他发现一把椅子下面有一个公文包,不知是谁的包忘记拿了。张秘书先把包收起来,心想过一会也许就会有人来拿。

接下来最重要的是清点会场的设备与器材,张秘书和饭店会议负责人一起,根据会议租借清单,一一进行核对,发现设备与器材一个也不少。然后,他们检查这些设备和器材是否有损坏的情况,结果发现其中一个麦克风打开后不出声音,于是张秘书马上给负责这次会议的总经理秘书张丽打电话询问情况。张丽说:"这个情况我知道,是一位专家在发言时,不小心把麦克风给摔了一下,当时就不出声了,不好意思,没有及时告诉你。该怎么处理就怎么处理吧。"接完电话后,张秘书把麦克风的事如实地和饭店会议室的负责人讲清楚,然后双方在交接单上签了字。之后,办理了付费事宜。

一切办理完毕后,会议室整理恢复到备用状态。最后,张秘书还是没见有人来取公文包,就把包带回了公司,交给总经理办公室,请他们帮忙联系寻找失主。

——作者根据相关公开资料整理

请回答:
(1) 你认为张秘书清理会场的工作做得怎么样?
(2) 秘书人员应该怎样做好会场整理工作?

三、综合实训题

1. 回顾你参加过的一次会议,寻找其中组织方面存在的问题。
2. 利用你所在的系或班级开会的时机,做好会议结束后的整理工作。

拓展阅读十二

第十三章 会议结束后的文书工作

学习目标

◆ 了解会议纪要、会议总结的含义
◆ 掌握会议纪要的写法
◆ 掌握会议总结的写法
◆ 掌握会议评估的写法

导引案例

文辉公司承办的一个大型研讨会即将落幕。在会议接近尾声的时候,负责这次会务工作的李秘书就组织会务人员将早已设计好的一份评估表发给了与会者,请他们逐项填写各项内容。收上来之后,李秘书进行了统计,发现绝大多数与会者对会议的各项组织工作给予了很高的评价,打的分数都挺高,李秘书感到很欣慰。但也有代表在评估表中提出对某些会务工作的不满和批评。李秘书很重视,觉得会议结束后有必要好好总结,以利于日后开会时改进。

会议圆满结束后,李秘书趁大家还记忆犹新的时候,组织全体会务人员开会。他要求全体会务人员写一份书面总结交给他,两天后召开一个座谈会。

座谈会上大家畅所欲言,把这次会务工作中做得好的方面和欠缺的方面都进行了讨论和剖析,每个会务人员也根据自己的分工和实际工作进行了自我对照,找出了不足的地方。在大家进行了充分座谈后,李秘书根据与会者填写的会议评估表和会议中每个人的实际表现,结合大家的发言和会议的实际效果,进行了总结性的发言。李秘书认为,这次会议中,全体会务人员的表现都还不错,会议基本达到了预期效果。然后点名表扬了几个秘书,称赞了他们分管的工作做得很出色,得到了与会者的一致好评。同时,李秘书也指出了个别人工作中存在的问题,把与会者提出的意见反馈给相关人员,希望他们好好总结,在以后的会务工作中有所改进。最后,李秘书说:"这次会议,大家辛苦了,回去好好休息,我会向领导汇报,为大家请功。"

座谈会后,李秘书根据各方面的意见,写出了书面的会务工作总结,交给了总经理。总经理审阅后,李秘书把定稿印发给了相关的人员,并把会议总结做了归档。之后,李秘书请总经理对全体会务人员进行慰问,还对工作表现突出的会务人员给予表彰。

讨　论

1. 秘书为什么要在会议结束后对会务工作及时进行总结？
2. 请问李秘书在会议结束后的总结工作做得怎么样？
3. 怎样进行会议效果的评估？

本章主要讲述的是会议结束后文书的写作，包含会议纪要、会议总结和会议评估三个文体。

第一节　会议纪要

会议纪要是指在会议结束后，根据会议的宗旨，用准确而精练的语言概括综合会议要点和议定事项，它是在会议记录的基础上进一步分析、概括、提炼而成的文件。会议纪要的目的在于将会议的议事过程和议定事项，用精练的文字归纳出来，一方面留存备查，一方面分发给有关部门贯彻执行。

一、会议纪要的种类

会议纪要分为决议性会议纪要、通报性会议纪要两类。

1. 决议性会议纪要

决议性会议纪要反映的是会议的结论性成果，具有决定和决议的性质，有较强的政策性，对会议纪要的下发单位具有指示和指导的作用，有法定的权威性。

2. 通报性会议纪要

通报性会议纪要反映会议的基本情况，没有指示或指导的作用，只是让与会者了解会议进程及基本情况的作用，起通报信息的作用。

3. 决议性会议纪要和通报性会议纪要的区别

决议性会议纪要只写与会者的统一的看法或意见，不能写与会者不同的看法和意见，否则将使收文单位无所适从。所以，在称谓上要用反映与会者集体意向的"会议认为""会议通过""会议指出""会议决定""会议要求"等集体性称谓。通报性会议纪要只是使收文单位了解会议进行的情况，所以既可写与会者的统一看法，也可写与会者的不同看法或意见。尤其是一些座谈会、论坛等，经常用通报性会议纪要的写法。

二、会议纪要的写法

会议纪要内容包括标题、正文和落款三部分。

1. 标题

会议纪要的标题一般由会议名称（全称）和文种纪要两项构成。

2. 正文

正文包括前言、主体和结尾三项内容。

(1) 前言,也叫开头。一般概括介绍会议整体情况,内容包括会议的名称、时间、地点、参加人、主持人、会期、会议形式、主要内容和收获等情况。这样写可以给人留下一个关于会议来龙去脉的总印象。

(2) 主体。这是会议纪要的核心内容,主要反映会议情况和会议结果。写作时要注意紧紧围绕会议中心议题,把会议的基本精神,特别是会议形成的决定和决议,准确地概述清楚。

主体一般有三种写作方式:

① 集中概述式。按会议的进程,将会议讨论、研究的问题综合起来,集中概括会议主要内容的方法。这种写法适用于内容比较简单的会议。

② 归纳分类法。把会议讨论、研究的内容依据其内在联系、性质和逻辑关系等,综合成若干问题,分项叙述,用序号标明,逐项阐述。这种写法适用于问题较复杂的大型会议。

③ 发言提要式,也叫摘要式。即按会议议题和与会者的发言顺序将每个人的发言内容记录下来,反映会议原貌。这种写法适用于座谈会或学术会议。

(3) 结尾,即会议纪要的结束语。一般是向收文单位提出贯彻执行的希望和要求,有的会议纪要没有结尾部分,主体内容写完,全文自然就结束。

3. 落款

落款包括署名和时间两项内容。署名只用于办公室会议纪要,署上召开会议部门的全称,在下面写上成文的年月日并加盖公章。一般来说,会议纪要不用署名。

三、撰写会议纪要的要求

(1) 会议纪要一定要建立在会议实际开会情况的基础上,不能凭空捏造。

(2) 会议纪要应对会议全程进行归纳总结,提炼会议精神,概括会议宗旨,切忌写成流水账。

(3) 会议纪要的条理清晰,重点突出。尤其对于会议的成果要阐述明确、到位。

四、会议纪要与会议记录的区别

会议纪要与会议记录二者的区别有以下几方面:

1. 性质不同

会议记录属于会议资料,而会议纪要则是正式的会议文件。

2. 功能不同

会议记录是存档备查的资料,并不公开;而会议纪要则是下发给各个与会者以便他们遵照执行。

3. 重点不同

会议记录强调忠实记载会议原貌,是讨论发言的实录,体现了会议的过程性和具体性;而会议纪要则是传达会议的主要精神,反映会议的宗旨,具有一定的总结性和概括性。

4. 形式不同

会议记录形式方面的规定性不强,可采用笔录、先录音录像,之后再整理等灵活的形式;

而会议纪要则需依据正式文件的规范格式来写作。

小贴士

> 会议纪要与会议简报的区别：会议纪要属于法定性的公文，是对会议的全面概括和反映，具有指示、指导的作用，且在会议结束后只发一次。会议简报则属于报道性质的公文，每期简报只反映会议的某一方面或某一问题，是了解、交流会议情况的重要资料。会议简报大多在会议进程中产生，也可根据会议进程中的不同阶段多次编发。

【例13-1】

20××届毕业生就业专题会议纪要

根据省教育厅有关指示精神，××学院于20××年××月××日召开毕业生就业专题会议。××学院党委书记×××、院长×××、副院长×××等有关领导参加了会议。全院教工及学生参加了会议。×××书记通报了院20××届毕业生就业情况，并分析了未就业学生的思想动向。现将会议情况总结如下。

×××书记在会上通报了截至××月××日我院20××届毕业生就业情况，据统计，我院今年毕业生就业率已达××%。

针对毕业生目前的就业现状，×××书记分析了未签订就业协议学生的四个思想动向：一是就业期望值偏高，不愿意下基层就业；二是有意参加公务员考试的学生还在等待时机；三是部分学生打算毕业后回原籍就业；四是还有一部分学生想继续攻读学位。

会议强调，目前学院的工作重点就是帮助未签订就业协议的毕业生就业。参照当前国家最新的就业形势、就业政策及对就业工作的相关要求和我院近两年来在执行就业工作计划时所遇到的问题，学院要对20××年就业工作计划进行修正，并重新制订可行的就业工作方案。

会议经过讨论研究，议定以下意见：

一、院领导和辅导员分班深入毕业班，面对面、一对一地了解未签订就业协议毕业生的思想动态，做好开导、说服工作，并为其提供就业信息。

二、实现就业工作网络化管理，完善就业在线栏目内容。充分利用网络、宣传板、就业联盟等多种途径发布需求信息、就业政策、就业新闻等，搭建良好就业的平台。

三、组织召开若干更务实、针对性更强、专业更对口的各种类型的供需见面会。

××学院办公室

20××年××月××日

第二节　会议总结

会议结束后，会议组织人员应及时做好会议总结。会议总结就是通过总结会议工作经验,从而不断提高或改进后续会议的组织服务工作。通过会议总结,从中发现问题、分析原因、总结经验等方面梳理整个会议进程,明确会议成果,也为日后的会议工作提供经验和借鉴。

会议结束后所进行的会议总结与会场上会议主持人进行的总结是完全不同的。会议主持人进行的会议总结通常只针对刚刚讨论完的会议议题讨论,罗列各位发言人的主要观点、争论的焦点,对这些发言进行评析,归纳、总结会议最终对这些问题的讨论结果,并将它们具体化为一个个的工作任务,落实到个人。进行这种总结,其目的是为了帮助与会者梳理会议进程,明确会议成果。

相较而言,会议结束后所进行的会议总结是对会议相关的会场内外情况给予全面的回顾与评析。通常,在与会者较多、会议时间较长、各位与会者不能完全了解会议全貌的情况下,进行这种会议总结的必要性更大。

一、会议总结的写法

1. 会议概括

会议概括,即对会议活动的简介,包括会议名称、会议地点、主办单位、与会者、会议时间、会议议题、日程安排、会议召开背景和会议成果等。

2. 会议具体内容

会议具体内容,既可以是对整个会议状况进行总结,也可以是针对会议某个具体的方面进行总结。例如,对会议的组织或会议服务方面进行总结。

3. 问题与经验总结

问题与经验总结,即可根据会议的评估(会议满意度调查反馈情况),分析各要素得分情况,评价最好和最差问题的集中点。从而得出两方面经验,一是会议不足之处,得到的教训和相关的改进意见等;二是会议的成功之处,可以推广和可供以后借鉴的地方。

二、写作要求

1. 事实为据,准确可靠

秘书人员在写会议总结时,必须把过去与会议相关的所有材料全部收集起来,包括面上的材料和点上的材料、正面的材料和反面的材料、事实材料和数字材料以及背景材料等,这些事件材料必须真实可信,准确可靠。

2. 分析事实,找出规律

会议总结的目的就是为了找出经验与教训,为以后的会务工作提供参考与帮助。所以,秘书人员在写会议总结时,一定要在掌握的大量真实可信的事实与材料中提炼出规律性的理论认识,这样的会议总结才有意义。

3. 点面结合,重点突出

秘书人员在写会议总结时,注意点面结合,既要注意会议整体工作效果,又要善于抓典型、找精华,把整个会议过程与其中的某一点结合起来。这样的会议总结不会千篇一律,才具有实际的指导意义。

> **【例 13-2】**
> **科技委秘书处关于六届二次会议会务工作的总结**
> 　　受总局科技委委托,科技委秘书处承担了科技委六届二次会议的会务工作和部分文件的起草工作,工作量大,头绪繁杂,时间要求紧,质量要求高。在总局和科技委的领导下,在与会者的理解配合下和有关直属单位的支持协助下,会务工作赢得了总局领导和与会者的赞扬。
> 　　20××年××月××日,科技委秘书处组织召开了会务工作总结会,参与会务工作的广播科学研究院有关职能处、室、研究所的主要负责人和会务组成员出席了会议。
> 　　会议由科技委秘书长、广播科学研究院副院长周××主持,科技处田××处长从文秘工作和会务工作两个方面回顾和小结了科技委六届二次会议筹备期间和会议期间的主要工作和成绩。周××同志把会务工作概括为"四好":计划安排好,精神面貌好,服务态度好,团结合作好,并对有关人员提出了表扬。总局科技委副主任、广播科学研究院院长杜××指出了会议取得成功的原因:首先是各级领导重视,身体力行;其次是分工明确,责任到人;最后是充分发挥了每个工作人员的主观能动性。他要求把这几条作为经验来推广,贯彻到广播科学研究院的其他各项工作中。

第三节　会议评估

　　会议评估就是与会者对组织相关方面会议的评价。它通过客观量化的评估以总结经验,消除降低会议质量的不利因素,有助于对会议组织实施过程进行总结,以便于改进日后的会议工作,实现有效会议的目标。对会议进行评估是帮助会议组织方认识会议实际进行情况的必要途径,也是众多会议研究者和实践者都推荐的一个工作环节。甚至有些研究者认为,会议评估是促成高效型会议的核心。

一、会议评估的内容

1. 对会议管理工作的总体评估

对会议管理工作的总体评估,即对覆盖会议工作的方方面面进行的评估,包括会议方案、会议地点、会议时间、食宿安排、会议经费和各项活动内容等方面。

2. 对主持人的评估

对主持人的评估包括主持人的主持能力、业务水平、实现会议目标的能力、对会议进程的控制能力、语言表达能力、应急能力等方面。

3. 对会务人员的评估

对会务人员的评估包括会务人员的行为表现、工作态度、业务水平和工作效果等方面。

二、会议评估的方式

对会议进行评估通常可以采用有两种具体方式:面对面的谈话和表格调查。

1. 面对面的谈话

当会议记录或会议纪要之类的文件已经发放到与会者手中之后,会议主持人或者秘书人员应该尽可能地和与会者进行面对面的沟通和交流,了解他们对会议的真实感受。这种沟通不需要很长时间,但是一定要给予与会者一个表达他内心感受的机会,尤其是那些可能对会议并不是很满意的人。

在与这些人的沟通中,会议主持人或秘书人员要表现出最大的耐心,让与会者有机会在会议组织方面前将会议上没有完全表达出来的想法说出来,了解他们的感受,对他们提出的所有问题给予尽量的解答。这样的沟通其实很简单,要求的技巧并不多,但是却能够让与会者充分感受到会议组织方对自己的关注、期望会议达到目标的决心。因此,面对面的谈话会更好地增进组织方和与会者之间的互动,使他们以更好的状态投入下一次会议。

面对面的沟通、互动实践起来较为简单,并且效果很好,但是它确实需要投入一定的时间。很多会议组织方因此放弃了这种方式,但在有条件的情况下,都要尽量去这样做。

2. 表格调查

相较于面对面的方式,表格调查以固定条目的形式发放,更节省时间,也是较为普遍采用的方式。但是,表格调查同时也缺少了面对面沟通调查能够掌握信息的全面性和准确性的优点。

通常,调查表格都包括了组织方自查和对与会者的调查两个方面。例 14-3 和例 14-4 分别是两种表格的示例。

【例 13-3】

会议绩效评估表(供会议组织方使用)

1. 目标

(1) 此次会议的目标是什么?
_____

(2) 此次会议目标是否被达成?(　　)

A. 是　　　B. 否　　　C. 局部被达成

(3) 哪些会议目标不能被全部达成?为什么不能被全部达成?(列举确切理由)
_____

2. 时间

(1) 会议目标是否在最短时间内被达成?(　　)

A. 是　　　B. 否　　　C. 不能确定

(2) 倘若目标并非在最短时间内被达成,为什么它们不是在最短时间内被达成?(列举确切理由)
_____

3. 与会者

(1) 列举每一位与会者姓名并评估会议结束后他们的满意程度。(分为极满意、满意、不满意、极不满意)
_____

(2) 试为被评为"不满意"或"极不满意"的与会者找出令他们感到"不满意"或"极不满意"的理由。
_____

4. 假如我再度主持同样的会议,则下面的哪些事项我可以继续保持? 哪些事项我将会有新的举措?

(1) 会议地点　　　　　　　　　(2) 会议时间
(3) 与会者人选　　　　　　　　(4) 目标
(5) 场地的摆设　　　　　　　　(6) 视听器材
(7) 会议议程　　　　　　　　　(8) 自身的规划与准备
(9) 会议通知　　　　　　　　　(10) 会议开始时的引言
(11) 自己发言的比重　　　　　 (12) 与会者发言的比重
(13) 会议终了时的结语

除了以上各项外,我们仍有哪些事项需要改进?
_____

【例13-4】
会议绩效评估表(供与会者使用)

1. 时间
(1) 你对此次会议的举行时间是否满意?(　　)
　A. 是　　　　　B. 否　　　　　C. 不能确定
(2) 请你提供更满意的时间。_____

2. 地点
(1) 你对此次会议的举行地点是否满意?(　　)
　A. 是　　　　　B. 否　　　　　C. 不能确定
(2) 请你提供更满意的地点。_____

3. 目标
(1) 你对此次会议的目标是否清晰?(　　)。
　A. 是　　　　　B. 否　　　　　C. 不能确定
(2) 请你提供使会议目标更清晰的方法。_____
(3) 你认为此次会议的目标是否被达成?(　　)
　A. 是　　　　　B. 否　　　　　C. 局部被达成
(4) 请你提供更能达成目标的方法。_____

4. 会议时间的长度
(1) 你对此次会议时间的长度满意吗？(　　)
   A. 满意　　　　B. 太长　　　　C. 太短
(2) 请你提供更加满意的时间长度。_____

5. 主持人本人的准备
(1) 此次会议中，主持人的准备是否良好？(　　)
   A. 很好　　　　B. 还可以　　　C. 准备不够
(2) 请你提供有关规划及准备方面的意见。_____

6. 主持人的引言是否足以引起起你的兴趣与热忱？(　　)
   A. 是　　　　　B. 否
倘若答复是否定的，原因何在？_____

7. 整个会议对引起你的兴趣与热忱起到了什么样的作用？(　　)
   A. 极佳的作用　　B. 尚好的作用　　C. 起不了作用
请提供一些得以维护你的兴趣与热忱的方法。_____

8. 你对整个会议是否都能进入状态？(　　)
   A. 是的　　　　B. 有些无法进入状态　　　C. 几乎无法完全进入状态
倘若你无法完全进入状态，请问在哪些事情下无法完全进入状态？为什么在这些事情下无法完全进入状态？_____

9. 主持人结束会议的举措是否良好？(　　)
   A. 极优　　　　B. 优　　　　C. 良　　　　D. 劣　　　　E. 极劣
请你提供改进的意见。_____

10. 作为与会者，你对此次会议是否满意？(　　)
    A. 极满意　　　B. 基本满意　　C. 不满意　　D. 极不满意
请说明你的理由。_____

11. 如果以"在最短的时间内达成会议目标且令与会者感到满意"作为评价标准，你认为此次会议好(坏)到哪个程度？(　　)
    A. 极优　　　　B. 优　　　　C. 良　　　　D. 劣　　　　E. 极劣
请提供意见以便改进未来同类会议的绩效。_____

三、会议评估表的设计

会议评估一般采取表格的形式，通常设计成问卷的形式，设计时应考虑下列因素：

1. 表格的长度

过短的表格不能提供充足的信息，过长的表格被调查者难以完成。

2. 所问的问题

所问的问题决定表格的目的和要收集的信息，在提问题之前应该去除无关的问题。

3. 填写的难度

复杂的表格会降低问卷调查完成的可能性。

4. 问卷的方式

问卷的方式有开放式和封闭式两种。

四、会议评估的意义

为什么要进行会议评估呢？简单来说，通过评估，会议组织方可以了解到会议究竟进行得如何，会议目标是否得到实现，会议的成本效益如何，与会者的感受怎样，日后开会还需要有什么样的改进等。一般来说，获得这些信息的意义在于以下两方面：

1. 提高与会者执行决策、参与会议的积极性

对于刚刚过去的会议，人们也许不记得都取得了哪些成果，安排了哪些具体工作任务，但是多半都记得自己对于会议的不好的感受，比如，不被重视、主持人不能很好调和争论、对于会议决议自己还持有保留意见等。任由这些情绪和认识停留在与会者心里，会极大地妨碍他对于会议最终决议的执行，面对面地沟通和表格调查都能达到让与会者尽情表达自己想法的目的，可以疏导其情绪，帮助与会者认同会议决议，并积极投入会议结束后的执行工作。

2. 有助于组织方今后召集高效会议

会议评估应该从多方面入手：与会者、主持人，甚至可以邀请观察员。多方面的视角有助于建立较为公允、客观的结论，使组织方明确认识到已经举行的会议在各个环节上的经验和教训，推动他们在今后的会议组织中扬长避短，努力使会议办得成功和高效。

> **小贴士**
>
> 会议评估的程序是：分析影响会议效果的主要因素→设计会议效果评估表→评估→汇总评估结果。

会议工作评估表如表 13-1 所示。

表 13-1　会议工作评估表

（在你认为应该的选项栏目中打√）

评估事项	好	中	差	建议
1. 会议地点的选择				
2. 会议时间的选择				
3. 与会者的人选				
4. 会议目标的达成情况				
5. 场地布置的选择				
6. 视听器材的选择				
7. 会议议程的安排				
8. 会议资料是否充足				
9. 会议讨论与发言				
10. 会议主持人的表现				

续表

11. 通过此次会议,相信你对×××××有了详细的了解,请写出通过此会议接受的观点。

12. 请你谈谈本次会议最大的收获是什么？有哪些看法和建议？

请各位专家如实认真完成本表的填写并在会后交给我们的工作人员,以便我们能真实地了解你宝贵的意见和建议,为将来我们共同的成功打好坚实的基础! 谢谢! 祝各位专家工作顺利! 生活愉快!

第四节　本　章　小　结

会议结束后,要及时做好相关文书的写作工作。这里包含三个文书的书写：会议纪要、会议总结和会议评估。一般来说,大型会议都有正式文件和决议,不需要撰写会议纪要；而中小型会议、日常工作性例会和一些协调性会议,往往需要起草会议纪要。会议总结是通过发现问题、分析原因、总结经验等来提高办会水平,通过总结不断改进会议的组织服务工作,为做好以后的会务工作提供借鉴和动力。会议评估也是通过客观量化的评估不断总结经验,消除或降低会议效果的不利因素,从而提高日后办会质量。

第五节　习　　题

一、基础知识题

1. 会议纪要的含义是什么？
2. 会议总结的作用是什么？
3. 会议总结是由哪几部分组成的？
4. 会议纪要和会议总结有何区别？
5. 会议纪要与会议记录的区别是什么？
6. 会议纪要的常见内容是什么？
7. 撰写会议纪要应该注意哪些问题？
8. 会后撰写的会议总结与会议上主持人所做的会议总结有什么不同？
9. 会议评估的作用是什么？
10. 会议评估的内容有哪些？
11. 评估会议有什么意义？
12. 评估会议都有哪些方式？各自的优劣是什么？

二、案例分析题

1. 阅读下面案例,回答问题。

大多数秘书人员都担心在毫无心理和材料准备的情况下写会议纪要,李秘书就有过这样一次又惊又险的经历。会议事前本来不打算写会议纪要,所以也没通知李秘书去开会,但会议快要结束时领导又觉得还是写个会议纪要比较好,于是匆匆把李秘书叫去。李秘书连连叫苦,心想:会议我基本没有参加,快结束时才叫我写会议纪要,说来容易下笔难啊!李秘书当机立断,向领导请示散会后留下几位相关与会者,跟他们了解会议概况。之后,李秘书根据他们所提供的只言片语整理会议纪要,结果还算凑合过关。

请回答:

(1) 在这个案例中,李秘书的错误行为都有哪些?原因是什么?

(2) 从这个案例中,你认为目前的会议管理过程中对会议纪要的认识还存在哪些误区?

2. 阅读下面案例,回答问题。

李秘书有次参加区政府下属的有关厅局长会议。会前主持人并没有明确交代要写会议纪要。但是会议快开始时,李秘书却临时接到写会议纪要的任务。在这次会议上,李秘书既是记录员又是服务员,二三十人的会议,斟茶倒水转一圈起码也得几分钟,而且隔不久又得起身来为大家服务。这时李秘书就无法专心写会议纪要,只能先把内容记在心里,倒完水后再凭记忆补。一心二用,会议纪要的遗漏差错可想而知。更紧迫的是,会议结束后领导让李秘书吃完午饭后马上把写好的会议纪要拿去打印装订好,下午三点开会时给每位与会者发一份。最后,李秘书还是在下午三点开会入场时将打印装订好的会议纪要发到了每位与会者的手中,并且会后也没有听到任何对会议纪要不满意的议论。李秘书终于松了一口气。

请回答:

(1) 你怎么看待李秘书在这次会议上的表现?

(2) 根据课文内容,会议纪要应该怎样进行?

(3) 根据案例,你认为李秘书的会议纪要是如何写出来的?

(4) 你怎么看待大家对于李秘书起草的会议纪要的反映?

三、综合实训题

1. 回顾你刚刚参加过的一次会议,写出会议总结。

2. 按照本章介绍的方法,请你对本班刚刚召开过的会议进行一次会议评估。注意,将表格调查和访问相结合。整理你所搜集到的关于会议各个环节的反馈信息,然后将其运用到下一次的会议中进行检验。

拓展阅读十三

第十四章 会后落实工作

学习目标

- ◆ 了解会议文件收集的内容
- ◆ 熟悉会议文件收集的要求和方法
- ◆ 掌握会议文件立卷的基本原则和方法
- ◆ 掌握会议文件的传达和落实要求

导引案例

以下是秘书人员工作的实际情景:

文辉公司总经理助理刘伟;公司小会议室。

9点15分,身着职业装的刘伟持文件夹与秘书李季一起走进会议室,开始会议前的准备工作。

刘伟:"小李,把窗户打开,调好空调温度。"

李季:"好的。"他打开窗户,调节空调。刘伟在座位上翻看文件,这时来开会的三个部门经理一起走了进来。

刘伟招呼道:"你们来了?"

众经理:"刘助理,你好。"然后在刘伟的对面落座。

刘伟:"昨天通知带的资料带来了吗?"

众经理:"带来了。"

刘伟一边翻阅资料,一边示意小李给大家倒水。这时杨总经理来了,刘伟起身迎接:"杨总来了?"

大家齐声说:"杨总,你好。"

刘伟亲自给杨总倒水,小李随手关上门。会议开始。

杨总:"今天请三位来,主要是想了解一下各方代表对前天结束的会议的反应。刘助理已经通知了你们会议内容,相信你们都做了准备。一会儿,我们针对会议中出现的问题做个总结。刘助理,要不你先说说你们会务组的情况,然后他们再发言。"

刘伟:"好,那我先说。对于这次会议,我在结束时做了现场调查。这是调查表,你们传着看看。我汇总了一下,应该说对这次会议的组织,会务人员都比较尽心,基本取得了预期的效果。参加展销的厂家比较满意,感觉收获不小。会议内容也比较紧凑和精彩,对于食宿的安排都没提什么意见。"

杨总:"那会议结束后,对没有马上走的人是怎么安排的?"

刘伟:"根据他们的要求,我跟饭店已经说好,延长住宿的费用照常优惠。"

部门经理一:"我在会场听到有的代表抱怨会议室的温度太高了,空气也不好。"

部门经理二:"第二天有的分会场的引导标识挪走了,害的参会的人问来问去。"

部门经理三:"我了解的情况也差不多,基本上他们都说了。"

听完他们的表述,杨总说:"刘助理,你把他们刚才说的情况再调查一下,然后实事求是地写进会议总结中。会议总结写好后先给我看一下。今天的会议就到此结束。"

刘伟:"好的。"

三个部门经理起身离开:"杨总,刘助理,我们先走了,再见。"

杨总、刘伟:"再见。"

李季:"刘助理,这是会议记录。"

刘伟接过会议记录,稍做整理后递给杨总。

刘伟:"杨总,您在这儿签个字。有关会议经费的情况我也统计完了,基本符合会前预算,没有超支。详细的数字我会连同会议总结一起给您。杨总,您先忙吧,我们收拾一下再走。"

杨总:"好吧,再见。"杨总起身离开。刘伟、李季开始收拾会议室。

刘伟:"李季,把窗户和空调关了。"

李季应道:"好的。"

刘伟把椅子一把把摆放好,同时吩咐李季:"出门前别忘了关灯。"

李季:"好的。"

待一切收拾妥了,两人关灯离开。

讨 论

1. 刘伟在会展过后都做了哪些工作?
2. 刘伟的会后工作开展得怎么样?请你给予具体评价。

本章讲述的是会后整理会议文件,对会议现场保留的文字、影音资料档案收集并归档;尽快传达会议议定事项与会者及相关人员了解会议的主要精神和具体工作安排;督促落实会议的所有决议,使会议在完全意义上彻底结束。

第一节 会议文件的整理

对很多与会者而言,会议结束就意味着开会这件事已经了结了。但是要保证会议取得真正的高质量,就必须在会议结束后跟进后续工作。及时整理出相关的会议文件就是会议结束后跟进的第一步。下发到与会者手中的会议文件即是会议内容在实践环节的延伸,确保会议决策落实有据可查。

会议结束后,秘书人员首先要做好会议文件资料的收集工作,在资料收集的基础上整理和归档会议文件。

一、整理会议记录

所谓整理会议记录,就是将会议记录定稿,成为最终进入档案的会议资料。这样做可以尽快确认会议记录中的内容,并且因为刚刚开完会,大家对会上讨论的内容还印象深刻,因此能够最大限度地保证会议记录审核的效率。如果能按照这样的建议施行,也就不存在会议结束后整理会议记录这个工作环节。所需要的只是在会议结后将记录定稿誊清,经过会议主持人签字即可归档。

但是还存在另外一种情况,即会议情况相对复杂,会议记录是通过多种手段配合完成的。当会议进入收尾阶段,会议记录人员的记录内容相较记录标准差距还较大,其实无法做到当场提交审核。此时,秘书人员在会议结束后需要完成的第一件事情就是对照录音、录像,尽快整理出会议记录。

在整理会议记录的过程中,秘书人员需要注意做好以下几个环节的工作:

(1) 将现场记录时使用的快速记录符号、代码等恢复成规范表达。

(2) 将书写潦草、不清晰之处,重新誊清。会议记录的一个重要作用就是日后备查,因此字迹必须清晰,容易辨认。同时,为了遵照会议记录原始性、权威性、严肃性的要求,最好在潦草记录的下一页重新书写,并保留原始的潦草记录,尤其是使用专门的会议记录本时更应如此。如果嫌"碍眼"而撕掉了原始记录,就破坏了记录本的完整性,也破坏了记录的严肃性。

(3) 认真补正。参照会议记录的要求,必须补齐当次会议应该记录的所有内容中缺失的地方,不能破坏会议的原始面貌。

(4) 突出重点。即注意会议记录围绕中心议题展开的讨论活动,例如,会议已产生的决议和没有解决的问题或议题,关键人物的重要发言,会议上影响较大的其他言论和活动等。

最好常在会议结束后的 24 小时之内整理会议记录,因为此时与会者对会议的记忆相对还较为清晰。另外,很多没有参加会议的人员都是通过会议记录了解会议情况以及最终的任务分派的。因此,秘书人员也需要尽快完成对记录的整理。会议记录的初稿经过修改后的定稿再经相关人员签字即可归入档案。

某些机构(企事业单位)也将会议记录作为正式文件的一种。那么当定稿一出,即需分发给各位与会者,借以提醒他们及时完成会议布置的工作任务。

二、会议文件的收集

会议文件收集的目的是为了回收不宜扩散或保密的文件,同时也是为后续会议文件的立卷与归档做准备。

1. 会议文件的收集要求

（1）确定好会议文件的收集范围。会议开始前下发的保密文件要按会议文件资料清退目录和发文登记簿逐人、逐件、逐项检查核对，以杜绝保密文件清退的死角。

（2）收集工作要及时，确保文件资料在与会者离开之前全部收齐。

（3）选择收集文件资料的渠道，运用收集文件资料的不同方法。

（4）与会议开始前分发会议文件资料一致，会议文件收集要履行严格的登记手续，认真检查文件资料的缺件、缺页等缺损情况，以便及时采取措施进行弥补。

（5）收集过程中要注意保密。

2. 会议文件的收集范围

（1）会前准备并分发的文件。包括指导性文件、审议表决性文件、宣传交流性文件、参考说明性文件、会务管理性文件。

（2）会议期间产生的文件。包括决定、决议、议案、提案、记录、简报以及重要的照片、录音录像等。

（3）会议结束后产生的文件。包括会议纪要、传达提纲、会议新闻报道等。

3. 会议文件的收集方法

（1）确定收集清退的重点对象。文件收集的对象包括全体与会者，但是重点是会议领导人、小组召集人、发言人、记录人和拟稿人。抓住文件收集的重点，就能基本保证会议文件收集的齐全性。

（2）印发收集清退目录。规模较大的会议，可事先印发会议文件的收集清退目录，要求每位与会者在会议结束时，根据目录整理好应清退的文件，统一交还至秘书处，或由各组秘书或联络员收齐，再交还至秘书处。

（3）现场收集清退。小型会议可由会议主持人在会议结束时要求与会者将需要收集清退的文件当场留下。

（4）个别收集催退。对于提前离开的与会者或工作人员，如果手中有必须清退的文件，要及时进行个别清退。

小贴士

> 收集清退会议文件时应当严格查对，尤其是保密会议文件，要按照清退目录和发文登记簿逐人、逐件、逐项核对，以免出现死角。同时，在收集会议文件时也要履行严格的登记手续，以免出错。

三、会议文件的立卷与归档

会议文件收集齐全后，就要及时依据会议文件的内在联系加以整理，分门别类地组成一个或一套案卷,以便立卷与归档。

1. 会议文件立卷与归档的意义

(1) 保持会议文件之间的历史联系。机构(企事业单位)的日常会议过程中讨论和形成的文件种类、数量繁多,每份文件都有特定的使命和作用。在同一会议中,必然要涉及和形成许多文件,它们之间有着密切的联系,不仅需要把具有查考价值的全部会议文件完整地保存下来,而且还要依据它们之间的历史联系,科学地加以整理、鉴定、区分,组成案卷。这样才能够很好地反映机构(企事业单位)活动的历史面貌,并便于查考和利用。

(2) 保持会议真实面貌,反映工作的客观进程。会议文件是机构(企事业单位)会议活动的第一手珍贵的历史记录,是其会议活动的真实记载,通过立卷与归档,完整地将会议文件收集保存下来,可以真实地体现机构(企事业单位)的工作进程和历史面貌。

(3) 保护会议文件的完整与安全,便于保存和保管。会议文件内容广泛,数量繁多,如果不加以系统整理,不仅不便于使用,而且容易磨损散失,特别是零散的会议文件。如果按照一定的规格要求立卷,装订成册,就可以避免文件破损和散失、丢失和泄密,有利于保存和管理。

(4) 保证会议秘书工作的联系性,为档案工作奠定基础。会议秘书部门将讨论完毕的文件立卷,算是完成了文书处理工作。案卷移交给档案部门以后,会议文件便从运转过程进入了档案管理阶段。所以,立卷是档案部门的工作对象,立卷工作是档案工作的基础,立卷的质量直接影响档案的质量。

2. 会议文件立卷与归档的范围

机构(企事业单位)日常会议所产生的会议文件很多。在这些众多的会议文件中,绝大多数需要留作查考,但其中也有少数没有查考价值,这就需要明确规定会议文件立卷与归档的范围,以确保有保存价值的会议文件资料能完整地立卷保存,做到既不遗漏,又不重复庞杂。同时,还应明确立卷与归档的分工,避免遗漏和不必要的重复。会议文件的立卷与归档要严格遵守档案制度,把会议过程中的一整套文件资料进行分类归档。

(1) 会议需要立卷与归档的范围。

① 各种会议所形成的全部会议正式文件资料,如决定、决议、指示、计划、报告、开幕词、闭幕词等及其复印稿。

② 会议的参考文件资料。

③ 会议的出席、列席、分组名单。

④ 会议的议程、日程和程序。

⑤ 会议的书面通知、来往重要电报、电话记录等。

⑥ 会议的记录、发言稿、简报、快报、纪要及其复印稿。

⑦ 领导在会议中的讲话、报告、谈话及其复印稿。

⑧ 会议的选举材料。

⑨ 会议有关的图表、照片、录音带、录像带等。

⑩ 会议的证件。

⑪ 会议的记事表。

⑫ 会议总结。
⑬ 与会者名单、联系方式。
⑭ 其他有关资料。

此外,对于外出开会带回来的重要的、有价值的文件资料,也应立卷与归档。

小贴士

> 小型会议的文件,大部分在会议开始前就已经收集好,会议结束后只需将会议记录或会议纪要归入卷内,并按会议讨论的议题顺序进行整理即可。卷内文件的排列顺序一般为会议通知、会议议题、会议日程、会议记录、会议纪要及有关文件。有的文件可能经过多次修改,几易其稿,立卷时要将原稿放在最上面,然后依次放置第一稿、第二稿等。

(2) 会议不需要立卷与归档的范围。

① 重份文件。对于一式多份的会议文件资料,只需保留一两份,其他多余份数不必保存。

② 事务性、临时性、没有查考价值的文件资料。如召开一般业务性会议的临时通知等。

③ 未成文的草稿和一般性文件的历次修改稿,文件资料起草人在构思撰写过程中起草的未成文和未经审批的提纲、素材、底稿等,不需立卷与归档。但重要会议讨论的关于法律、法令、指示等立法性文件资料和其他属于政策方针、长远规划等方面的文件,其定稿和历次修改稿均需保存。

④ 内容被其他文件包括的文件资料。对于上述无须立卷与归档的文件资料,可以进行简单的整理和登记,按照文件销毁手续销毁。

3. 会议文件立卷的基本原则和方法

(1) 会议文件立卷的基本原则——一会一案。一会一案即以会议为单位立卷,按照会议文件资料的自然形成规律,保持文件之间的历史联系,反映机构(企事业单位)工作活动的特点和真实面貌,便于保管和利用。

(2) 会议文件立卷的方法。

① 编制案卷目录。在正常情况下,会议立卷工作应依据事先编制好的案卷类目来进行。案卷类目是每年年初在实际文件尚未产生之前,根据机构(企事业单位)性质、职权范围、内部组织结构情况、当年工作计划、任务和一年中可能产生的会议文件情况,参照往年的案卷类目,按照立卷要求拟制出的案卷分类名册。这是一种比较详细具体的立卷规划。编制案卷类目可以由会议秘书部门的有关工作人员提出方案,经主管领导批准即可。

② 灵活运用文件的特征立卷。每一份会议文件都有其一定的特征。一般来说,一份文件主要由作者、名称、内容、收文机关和形成文件的时间等几个基本部分组成,可以概括为6个特征:部门特征、时间特征、名称特征、作者特征、地区特征、通讯者特征。会议立卷就是按照会议文件资料的共同特征或以一个特征为主,再结合其他特征组成案卷。通常来说,一卷之内结合使用两个以上特征立卷,是比较科学的方法。

小贴士

> 会议过程中形成的大量文件在会议结束时要认真清理。清理的办法是：收、存、带、销。"收"就是对机密以上等级的会议文件，要一份不少地收回。"存"就是对今后工作中有查考价值的会议文件，要及时汇编成册，立卷与存档。"带"就是对有些需要与会者带回各单位传达学习的文件，要办理登记手续，让与会者带回。"销"就是对用后回收的多余的会议文件，要按照有关规定予以销毁，确保会议文件的安全。

第二节 会议信息的传达与落实

会议结束后，会议所产生的各项决定或工作部署等信息要及时传递出去，增加会议的透明度，尊重群众的知情权。也可使会议的目的和意义深入人心，为贯彻落实会议精神及各项决策创造良好的舆论环境。同时，传递会议信息也可树立会议主办方的社会形象，提高会议的知名度和影响力。这一环节处在会议作业的决定与会议结束后实际的落实之间，是中间的连接环节。

一、会议信息传达的方法

1. 媒体沟通法

注重与媒体沟通，是会议信息传达的首选方法。具体做法是：

① 设立会议新闻中心或新闻发言人，择机召开新闻发布会或记者招待会，邀请有关新闻媒体和相关方面参加，向外界发布会议信息，并回答记者提问。

② 由会议秘书处拟写新闻稿，送请有关新闻机构编发。

③ 邀请记者前来采访会议。

2. 内部宣传法

内部宣传法即运用组织内部的宣传渠道和宣传形式进行宣传，如通过机构（企事业单位）内部的广播、有线电视、计算机网络、印发简报、会议纪要、内部刊物等载体传达会议信息。

小贴士

> 与新闻媒体沟通的方法：对媒体的研究和细分是与媒介进行有效沟通的前提和基础。按照媒体性质，可以划分为大众类报纸（日报和晚报型）、专业类报纸（行业和产品类）、财经类报纸；按照地域性质，可以划分为全国性和区域性；按照电视台（广播电台）性质，可以划分为中央电视台和地方电视台或广播电台；按照传播介质划分，可分为纸质媒体和电波媒体。

> 与新闻媒体的沟通可采用面谈、电话、文件、网络和新闻发布会等形式实现,可与媒体记者保持互动。

二、会议信息传达的要求

1. 及时

传达会议决定事项必须及时,不能拖延。当会议决定本身有传达时间的特定要求时,必须严格执行,不得拖延。

2. 准确

传达会议决定事项必须遵循本意,不得断章取义,随意舍弃不符合自己意见的有关事项或认为对自己不利的问题。更不得站在利己主义的立场上,或搞本位主义,对会议决定事项随意做解释。

3. 到位

会议决定一般都规定了传达的范围,应该直达某部门或某人。有些会议决定属于保密的事项,应严守保密规定。

三、会议决议的落实

会议的关键并不是会议本身,而是经过讨论之后所确认的行动。因此,立刻开始贯彻实施会议的决议,就是会议结束后跟进的最重要的环节。

1. 落实会议决议的意义

(1) 会议决议的落实是实现会议决策目标的最主要环节。任何会议预期的目的都是为了实现某种需要。而实现这种需要的手段,就是对会议最终所产生的决议迅速付诸行动,使决议目标如期或提前实现。落实的主要任务就是将主观的东西变为具体的实际行动。如果没有这种行动,决议就失去意义;而落实的情况不力,也无法取得满意的效果。可以说,会议决议是否得到有效的落实是实现会议目的最重要的一个方面。

(2) 会议决议的落实是衡量下级组织工作得力与否的主要标志。上级组织通过确认下级单位对会议决策的贯彻落实情况,考核和衡量它们的工作是否称职和得力。

(3) 会议决议落实是对会议决议的检验、制约和完善。好的会议决议是经过调查研究、搜集信息、可行性论证和咨询、集思广益做出的。由于人们认识上的差异及其他原因,有时并非完美无缺、切实可行。会议决议只有通过落实才能得到检验,并予以修正和完善。所以,会议决议需要落实,而落实的好坏,对决议能否顺利实现,则有直接影响和一定的制约力。

2. 落实会议决议的具体措施

所谓具体措施就是在充分准备的基础上,进行实际操作的活动,这是决定会议决议落实的关键阶段,一般应抓好下列环节:

(1) 传达动员。为取得传达布置的较好效果,要事先调查和了解员工的思想动向与脉搏,有针对性地认识和解决问题,使之解除疑虑,轻装上阵。

(2) 分解任务。在传达动员的基础上,将落实任务按系统层层分解下去,直至每个执行者个人。职责要明确,保证计划或安排的落实。

(3) 互相沟通。整个实施过程是一个复杂的系统工程,需要各子系统和系统内部的小系统,以及每个人的共同努力、团结协作才能完成。部门之间、个人之间需要及时互通信息、克服困难、消除不利因素,做到步调一致、协同动作是十分重要的。

(4) 操作控制。操作控制是指对整个落实过程全部活动的监督和制约。目前,监控方法有很多,可以利用规划进度表及现代化的闭路电视、计算机等设备获取信息。

(5) 效绩考核。在实施过程完成后考核,是实现高标准、高效率的必要步骤。考核方法除了由主管或专业人员根据要求进行以外,还可以采取执行人员自我鉴定、共同评议、群众复议等办法。如果要体现公开公正原则,则必须尊重客观实际,领导要最后把关审查。

小贴士

> 绩效考核是指,企业在既定的战略目标下,运用特定的标准和指标,对员工的工作行为及取得的工作业绩进行评估,并运用评估的结果对员工将来的工作行为和工作业绩产生正面引导的过程和方法。

3. 会议落实要求

(1) 迅速果断,保证质量。会议决议事项一般包括时间和质量(标准)要求,规定在一定时间内按要求实现某项目标或任务。决策信息一经发出,就应迅速组织实施。在保证质量(标准)要求的前提下,实施越迅速,效率就越高;反之则越低。因此,下级组织要努力创造条件,克服困难,尽快贯彻落实。

(2) 忠实决策,不打折扣。下级在传达会议决议的落实过程中首先深刻认识和理解并结合实际进行分析,在此基础上不折不扣地按照会议决议精神办事。在实施中还要严明纪律和规章制度,以保证决议有效地达到目的。

(3) 解放思想,创造性地落实。这是指下级单位要发挥自己的主观能动作用,结合实际,采取相应的灵活有力的措施,使之具体化、可行化。

第三节 会议决议的督办

会议的关键并不是会议本身,而是经过讨论之后所确认的行动。因此,尽快实施会议的决议,而且直接深入有关单位或部门进行实地检查与督办,这是会议结束后跟进的一个重要环节。

一、督办会议决议的意义

开会的目的就是为了解决问题。因此,会议组织方用心安排议程,确定合适的与会者和时间,选择匹配的会议地点,确保会议讨论能够顺利进行。一次成功的会议也要求与会者在会场上倾力投入,会议主持人有效地控制进程,共同促使会议完成预定的目标,寻找到最佳的解决方案,并且尽量在现场就确定下来所有的工作任务以及相关的负责人和监督人。大家走出会议室后,开会这件事情就结束了。与会者又回到了自己的工作节奏中,大家不再提起这次会议,甚至也没有人有时间想起来这个决议和会上的工作分配。

以上情景常常发生。这种情况下,我们只能称这是一次"会议室里的成功会议"。因为,它没有对现实发生任何的影响。要想让会议对现实问题发生作用,就必须抓住会后的督办工作。这是关键的工作,只有这样,才能让会议取得真正意义上的成功。

二、督办会议决议的方式

在对会议决议进行督办时,需要注意以下环节。

1. 指定监督人

每一项会议决议所落实到的具体工作任务,在当初确定的时候,就应该同时确定工作的负责人和监督人。这是对这项工作得以完成实行的双重保证。

需要特别注意的是,在确认负责人和监督人的时候,应该在会议上征得他们本人的同意,并做到让他们已经完全理解自己要承担的工作任务的内容。这是工作能够完成的前提。而且,为了提高监督质量,应该在分配工作时说明这项工作的具体细节和完成期限。

小贴士

> 即使在会议上有人主动提出要承担某项工作,也要同时确定这项工作的监督人。

2. 文件督办

这里所说的"文件"在不同的机构(企事业单位)里可能表示具体文种不同,如会议记录、会议纪要、会议总结等。但是无论是哪一种文种,一般都包括以下内容:

① 会议产生的具体决议。
② 会议结束后应该完成的具体任务。
③ 每项任务由谁来负责,由谁来监督。
④ 每项任务的具体完成期限。

因为这些文件涉及很多重要的问题,因此,它应该在会议结束后的 24 小时之内就分发到与会者或者是没有参会的相关人员手中,以便提醒他们在会议结束后要及时开展工作。而且,为了保证大家能够在接到这些文件的时候认真阅读,文件本身最好不要太长,保持在一页纸的篇幅就比较好,列出重要的会议信息即可,删繁就简,尽量少讲空话。

3. 会议督办

会后决议的施行有时候是头绪众多的复杂的事情。例如,各部门之间的配合、所需资源的配备等都是需要协调和沟通的问题,仅靠监督人和文件不能起到良好的推进作用。这时候,就需要及时召开会后会,为会议决策的推行进一步扫清障碍,寻找解决的方案和办法。

召开会议来解决上次会议的后续问题,这是比较常见的办法。但是开会本身是非常耗费精力、物力、时间的事情,因此秘书人员需要事先做好面对面的沟通,再决定是否需要通过开会来解决问题。

采用开会的方式来督办会后决议的落实,最终可能形成的一个环环相扣的会议体系。有的组织中可能会出现没完没了的会议,并且很多会议可能没有意义,就是因为这些会议是为了解决以前会议的遗留问题而开的。开会本身就是为了完成会议,会议的问题从这里开始变得复杂。但是从这个角度来思考和认识,也会增加对会议的进一步理解和把握程度,更明确会议的目的究竟是什么。

第四节 本章小结

本章论述的是会议结束之后,会议组织方应该怎样维护会议成果,保证会议取得真正的成功。这其中包括了三方面的工作:会议文件的整理、会议决议的传达与落实、会议决议的督办。看似各自不同,但其实都是为了让会议的成果落到实处,这也是整个会议工作的一个重要组成部分。这些工作虽然是在会议结束之后才进行的,但对整个会议来说是非常重要的和十分必要的,因为它能直接反映出会议效果的好坏,以及会议的主旨是否落到了实处。

第五节 习 题

一、基础知识题

1. 收集会议文件资料的要求是什么?
2. 需要收集的会议文件资料包括哪些?
3. 会议文件立卷与归档的意义是什么?
4. 会议文件立卷的基本原则和方法是什么?
5. 会议传达决定事项的要求是什么?
6. 传达落实会议决策包含哪些方面?
7. 会议记录应该在什么时间整理完成?
8. 整理会议记录时都需要注意哪些问题?
9. 督办会议决议有哪些方式?
10. 为什么说会议最终将成为环环相扣的体系?

二、案例分析题

1. 阅读下面案例,回答问题。

案例一

在一次商务会议结束后,新来的秘书小张面对一大堆会议文件资料不知道如何立卷与归档。小张把主要文件与一般文件混在一起归档,在编写目录时将本公司部门的人与通讯者的混在一起。秘书小王看到这种情况后,耐心地告诉小张立卷与归档的基本程序和注意事项,并手把手地教她具体的操作步骤。

案例二

某公司日常管理比较混乱,秘书小李没有将公司会议记录立卷与归档,经常发生找不到会议文件资料的事情。一次,公司与合作方经过几次协商,双方签署了一个项目的合作意向。不久,双方约定再次商谈并签订正式文本。然而,当需要签署过的意向书时,秘书小李在自己所保存的文件中无论如何也找不到意向书。合作方听说此事后,中止了与该公司的合作。

请回答:

怎样做好会议相关文件的立卷与归档工作。

2. 阅读下面案例,回答问题。

春天公司办公室张秘书身兼多职,平时除了处理繁杂的办公室事务外,还要负责文印室和会议室的管理。周一上午9点30分,公司刚开完中层干部例会,办公室主任匆匆走进来,告诉张秘书上午10点还有一位重要客户来洽谈业务,让她马上去收拾一下三楼会议室。张秘书连忙放下手中的工作,去整理会议室。可由于一时疏忽,在清理会议桌时,张秘书将公司例会上遗漏的一份近期工作计划书(其中包含涉及公司商业秘密的内容)顺手搁在了旁边的椅子上,离开会议室时忘记带走。11点30分,业务洽谈会结束后,张秘书在清理会议室时才想起两个小时前的那份计划书,可此时计划书已不知去向。她问参加公司业务洽谈的人员,也没有结果。这时,张秘书才意识到计划书肯定落入了外人之手。果然,这笔业务没有做成,客户资源反倒流向了竞争对手那边。

请回答:

(1) 这个案例中,张秘书的疏忽带来的后果给你什么样的启示?

(2) 你认为秘书人员整理会议室时最需要关注的是什么?

(3) 会议开始前整理和会议结束后整理有什么差别?

(4) 应该怎么样处理会议结束后回收的会议文件?

3. 阅读下面案例,回答问题。

李玲新加盟兴盛达公司市场部,一天早上,她参加由销售部门召开的一个会议,会上要求她统计一组数据。会议结束后李玲收到了一份会议纪要。这份会议纪要与李玲以前看到的不太一样,开头很简短地说明本次会议的目的和过程,接着就是一张满满当当的表格,详列了会上布置的工作内容及其对应的负责人、完成时间、评审人、评审时间以及整理转发人和在计算机上监控考核人等项目。李玲的名字也在"责任人"一栏中,规定她必须在两天内完成数据的统计汇总并形成书面报告,然后经主管部门的评审人审核合格、签字确认后,交至监控考核人处,作为完成工作的依据。

请回答:

(1) 兴盛达公司市场部是怎样来督办会议决议的?

(2) 你如何评价他们的这种做法?

三、综合实训题

1. 回顾你刚刚开过的一次会议,寻找其中组织方面存在的问题。

2. 你们班经常开会吗?会议上布置的任务会议结束后能够及时完成吗?如果不能,你认为原因是什么?如果总是能够完成的话,请你谈谈你们是怎么做的。

3. 请你按照本章所介绍的方法,对你们班最近召开过的一次会议进行会议追踪督办,说说你这样做的结果如何?如果效果并不理想的话,请谈谈你认为影响会议决议贯彻执行的因素都有哪些?

拓展阅读十四

参考文献

[1] 博姆.成功的会务组织[M].王建梅,译.北京:中国标准出版社,2000.
[2] 蔡超,杨锋.现代秘书实务[M].广州:暨南大学出版社,2006.
[3] 陈建军,王生晓.社交礼仪[M].北京:中国农业出版社,2006.
[4] 邓恩 P.董事会会议管理(原书第3版)[M].冯学东,等译.北京:机械工业出版社,2006.
[5] 哈佛商学院出版公司.会议管理[M].王春颖,译.北京:商务印书馆,2009.
[6] 洪锦兰,谭丽燕.秘书人员岗位培训手册:秘书人员应知应会的8大工作事项和122个工作小项[M].北京:人民邮电出版社,2006.
[7] 金咏韩,金咏安.开会就要学三星[M].王明辉,译.北京:新华出版社,2005.
[8] 廖金泽.秘书参考[M].深圳:海天出版社,2004.
[9] 鲁琳雯.现代礼仪实用教程[M].银川:宁夏人民出版社,2007.
[10] 陆永庆,阮益中.现代会务服务[M].上海:上海交通大学出版社,2005.
[11] 罗春娜.秘书礼仪[M].北京:中国劳动社会保障出版社,2009.
[12] 马丁.驾驭会议:如何从会上得到你想要的东西[M].马小丁,朱竞梅,译.北京:经济管理出版社,1999.
[13] 孟庆荣.秘书工作案例及分析[M].北京:清华大学出版社,2007.
[14] 摩司魏克,尼尔森.会议管理——如何创造高效率会议[M].高维泓,译.南宁:广西师范大学出版社,2001.
[15] 纳德勒 L,纳德勒 Z.成功的会议管理:从策划到评估[M].刘祥亚,周晶,译.北京:机械工业出版社,2003.
[16] 饶雪梅.会展礼仪[M].北京:中国劳动社会保障出版社,2006.
[17] 孙荣,等.秘书工作案例[M].上海:复旦大学出版社,2005.
[18] 唐铁军.公务员礼仪修养[M].成都:西南财经大学出版社,2006.
[19] 王斌.会展礼仪实训教程[M].重庆:重庆大学出版社,2013.
[20] 王芬.秘书礼仪实务[M].北京:电子工业出版社,2010.
[21] 王敏杰.商务会议与活动管理实务[M].上海:上海交通大学出版社,2008.
[22] 王玉荣,王君.别让会议控制你[M].北京:北京大学出版社,2007.
[23] 吴克祥,周昕.酒店会议经营[M].沈阳:辽宁科学技术出版社,2002.
[24] 向国敏.现代秘书实务[M].北京:首都经济贸易大学出版社,2005.
[25] 谢浩萍.会议服务[M].上海:格致出版社,上海人民出版社,2008.
[26] 徐克茹.职业秘书礼仪教程[M].北京:清华大学出版社,2008.

[27] 杨海清.会展礼仪实务[M].北京:对外经济贸易大学出版社,2007.
[28] 姚明宝.服务的艺术:上海 APEC 会议接待服务案例[M].上海:上海教育出版社,2002.
[29] 张捷雷.会展管理实训教程[M].南京:东南大学出版社,2009.
[30] 张丽琍.商务秘书实务[M].3 版.北京:中国人民大学出版社,2014.